개혁주의 문화관

개혁주의 문화관

초판 1쇄 2015년 12월 8일
초판 2쇄 2015년 12월 23일

지은이 김재윤
펴낸이 이의현
펴낸곳 SFC출판부
등 록 제 114-90-97178
(137-803) 서울특별시 서초구 고무래로 10-8 2층 SFC출판부
Tel (02)596-8493 Fax 0505-300-5437
홈페이지 www.sfcbooks.com **이메일** sfcbooks@sfcbooks.com

기획·편집 이의현
디자인편집 최건호
영업마케팅 장향규
인쇄처 성광인쇄 (경기도 파주시 교하로 432)
Tel (031)942-4814 Fax (031)942-4816

ISBN 978-89-93325-88-1 (03230)

값 10,000원

잘못 만들어진 책은 언제든지 교환해 드립니다.

교회중심으로 본
카이퍼, 스킬더, 제3의 길

개혁주의 문화관
Reformed view of the culture

김재윤 지음

SFC

추천사

'일반은총'이 뭘까? 그리고 '문화 명령'과 어떻게 다를까? 한국교회에 이런 가르침이 필요할까? 본서는 한국 신학자가 한국교인의 눈으로 한국교회를 위하여 쓴 정성스런 작품입니다. 저자는 모든 신자가 죄로 물든 세상을 등지지 않고 선한 창조를 완성시키는 사명을 완수하도록 독려합니다. 그래서 화란개혁교회의 신학자요 실천가인 카이퍼가 말하는 일반은총과 스킬더가 이를 반박하면서 주장하는 문화명령을 되씹듯 차근차근 그려나갑니다. 특히 이들이 그리스도의 통치가 집중되는 교회에 대한 바른 고백 위에 문화관을 세웠다는 점을 잘 해명합니다. 저자는 스킬더의 삶과 신학을 한국 독자들에게 처음으로 소개하는 공을 세웠습니다. 본서는 한국교회의 부흥과 사회의 변혁을 짊어진 모든 교인들, 특히 젊은이들에게 멋진 선물로서 필독을 권합니다.

_유해무 교수(고려신학대학원 조직신학)

여기 화란에서 공부하신 교수님으로부터 얻을 수 있는 가장 귀한 선물 중의 하나가 우리에게 주어졌습니다. 카이퍼와 스킬더를 중심으로 그리스도인이 이 땅에서 어떤 모습으로 살아야 하는지를 잘 논의한 『개혁주의 문화관』이란 책입니다. 이전에도 조금씩 논의는 있었지만, 이 책은 보다 본격적으로 개혁주의 문화관을 탐구할 수 있도록 안내합니다. 이 책을 통해 독자들은 먼저 카이퍼와 스킬더의 견해를 살핀 후, 이에 대해 후대의 다른 상황에서 고민하는 벤드루넨 교수나 다우마 교수와도 대화할 수 있을 것입니다. 가르치는 바쁜 일상에서도 귀한 작업을 해 주신 김재윤 교수님께 감사하면서, 함께 이 책을 읽고 생각하고 토론함으로써 김 교수님께서 소망하듯이 "한국교회에서도 개혁교회들이 튼튼히 세워지고, 그 결과로 개혁교회 성도들이 총체적 문화영역에서 의미 있는 공헌을 할 수 있는" 때가 속히 오기를 바랍니다. 이 책이 잘 논의하고 있듯이, 개혁주의 교회가 든든히 세워져야만 우리의 사회적 문화적 활동도 제대로 나타날 수 있기 때문입니다.

_이승구 교수(합동신학대학원대학교 조직신학)

목차

추천사 4

머리말 8

프롤로그: 복음과 문화 11

1장 교회: 개혁주의 문화관의 키워드
1. 교회: 그리스도 통치의 집중 24
2. 교회: 삼위일체 하나님의 섬김의 현장 28
3. 교회: 만물을 충만케 하시는 이의 충만 43

2장 아브라함 카이퍼
1. 교회의 사람, 카이퍼 51
2. 첫 단추: 국가로부터 독립된 교회 55
3. 다원성의 바다로 70
4. 영역주권 76
5. "세상의 한 치도 그리스도의 주권 아래" 85
6. 교회의 세속화? 100
7. 있는 그대로의 카이퍼의 복원을! 103

3장 끌라스 스킬더

1. 지옥을 고민하다 119
2. 그리스도 중심주의 131
3. 타락을 비관하고 창조를 긍정하다 151
4. 직분으로서의 문화 명령 157
5. 신앙고백에 기초한 개혁주의 문화관 166

4장 대안적인 개혁주의 패러다임들

1. 자연법-두 왕국론(Natural law-two kingdoms paradigm) 179
2. 나그네와 행인으로서의 그리스도인 194

에필로그: 성령과 함께 탄식하는 교회 201

주 208

머리말

이 책의 목적은 소박하다. 첫째, 한국교회에 익숙한 카이퍼가 원래는 어떤 사람이었는지 무엇을 고민했는지 있는 그대로 복원하는 것이다. 둘째, 카이퍼와 대립되는 것처럼 알려진, 그러나 사실 많은 부분에서 카이퍼와 잇닿아 있는 스킬더가 어떤 문제를 두고 씨름했고 어떤 주장을 했는지 당시로 돌아가 들여다보는 것이다. 셋째, 이 두 사람이 담지 못한 개혁주의 문화를 이해하는 다른 스펙트럼, 가령 루터와 칼빈이라는 초기 개혁주의자들을 중심으로 소개한 밴드루넨의 자연법-두 왕국론과 같은 네덜란드 개혁주의 전통에 있으면서 카이퍼와 스킬더를 반성한 목소리들을 담아 보는 것이다.

잘 알려진 개혁주의의 공헌으로는 공적인 영역, 또는 비기독교 세상과 문화에 대한 지대한 관심을 들 수 있다. 이에 비해 비교적 알려지지 않은 개혁주의 문화관의 특징을 들자면, 교회 중심적인 관점이라 말할 수 있다. 한국교회는 현재 사회전반으로부터 심각한 비판에 직면해 있다. 그래서 '교회 중심적'이라는 말에 부정적일 수밖에 없다. 물론 이를 문화 전반에 대해서 교회가 직접적으로 참여하고 개입하며 변혁의 중심에 서야 한다는 주장으로만 받아들인다면, 지금 현재 한국교회의 현실에서는 부정적일 수밖에 없을 것이다. 하지만 여기서 말하는 '교회 중심적'은 먼저 교회가 신앙고백적 기초위에 올바로 세워지는 것을 전제한다. 개혁주의 문화관의 현실적인 실현은 튼튼한 개혁교회의 존재를 반드시 필요로 한다. 신앙고백적 기초가 여전히 한국교회에 미약하다면 그 어떤 공적 영역에 대한 기독교의 프로그램이나 활동도 현실적으로는 무력할 뿐이라는 사실을 나는 위의 세 스펙트럼을 통해서 확인하였다.

개혁주의 전통에 나타난 문화관에 대한 이같은 작업은 8년간 네덜란드 개혁교회의 성도로서 보낸 삶과 경험에 바탕하고 있다. 비록 이 책에서 그 경험들을 직접 언급하지는 않았지만, 네덜란드 개혁교회 성도들은 추상적으로 이해했던 개혁주의 문화관을 생생한 삶 속에서 보게 해준 좋은 모델들이었다. 미약하지만 개혁주의 정당정치, 언론, 교육, 노동과 경영 등 총체적인 인간 문화의 현장 속에서 길을 개척해가고 있는 그들의 씨름은 이것들의 과잉 혹은 부재 사이에서 혼돈된 조국 교회의 모습을 잘 비춰보게 해 주었다. 한국교회에서도 개혁교회들이 튼튼히 세워지고 그 결과로 개혁교회 성도들이 총체적 문화영역에서 의미 있는 공헌을 할 수 있기를 소망해 본다. 그리스도는 지금도 성령님과 함께 교회를 채우시고, 채워진 교회는 만물을 충만케 하는 사역을 멈출 수 없기 때문이다.

   이 책의 내용은 SFC의 한 모임에서 했던 강연에서 출발하였다. 기회를 준 SFC에 감사를 드리고 이 책이 SFC 운동에도 작은 도움이 되길 바란다. 더불어 한국에서 개혁교회 건설을 위해서 자신을 희생하며 가정과 세상 속에서 분투하는 성도들에게 조그마한 힘과 도움이 되었으면 한다.

2015년 11월 양평에서

김재윤

프롤로그: 복음과 문화

창조주 하나님

"전능하사 천지를 만드신 하나님 아버지를 믿습니다."

기독교 신앙을 가장 잘 요약해 주는 사도신경은 전능하신 천지의 창조주 하나님을 고백하는 것으로 시작한다. 이는 기독교 신앙이 그리스도를 믿는 신앙과 함께 예수 그리스도께서 아바 아버지라고 부르신 하나님께서 천지의 창조주이심을 믿는 신앙임을 보여준다. 창조주 하나님은 기독교 신앙을 가진 사람들만의 하나님이 아니라 이 세상 모든 사람들과 모든 피조물들의 하나님이시며,

인류가 만들어내는 모든 사상과 활동, 문화, 역사의 주인이시다.

그러면 창조주 하나님을 믿는 신앙은 그리스도인들에게 어떤 의미를 줄까? 그것은 창조주께서 자신이 의도하신 뜻과 계획에 따라 모든 피조물을 운행해 가시는 것을 믿는 것이다. 그럼으로써 그리스도인들은 자신의 눈을 창조주가 움직여 가시는 피조세계를 보는데 집중하고 마음을 다해 창조주의 일하심에 참여하기를 원한다. 흔히 그리스도인이 아닌 사람들도 세상에는 어떤 이치가 있다고 말하곤 한다. 그들 역시 세상사에는 나름의 법칙이 있다고 믿는 것이다.

그러나 그리스도 안에서 창조주 하나님을 아는 그리스도인들만이 객관적인 세상의 이치를 알고 그 원리대로 살아갈 수 있다. 막연한 세상살이의 순리와 이치가 아니라 우리 주 예수 그리스도의 아버지이신 창조주께서 모든 피조물에 대해 뜻하시고 그것들을 이끌어 가시고 목적하신 바가 무엇인지를 아는 것이다. 따라서 그리스도인의 삶은 무엇보다도 창조주 하나님께서 세상을 이끌어 가시는 활동과 원리, 목적을 객관적으로 이해하고 자기 자신을 그 흐름에 던지는 것에 있다고 할 수 있다.

하나님의 창조와 지혜

"그가 하늘을 지으시고 궁창을 해면에 두르실 때에
내(지혜)가 거기 있었고"(잠 8:27)

창조주 하나님을 믿는 신앙과 잠언에서 말하는 지혜는 어떻게 연결될까? 잠언에서 말하는 지혜는 단순히 어떤 과학적 지식이나 기술적 정보, 처세술, 도덕적 교훈을 뜻하는 것이 아니다. 그것은 하나님께서 땅에 터를 놓으시고 하늘을 견고히 세우실 때 사용했던 것이다(잠 3:19-20). 이런 점에서 지혜는 하나님의 창조사역의 대리 실행자(agent)였다고 할 수 있다. 그런데 한편으로 지혜는 하나님께서 모든 만물을 창조하시는 창조 원리이기도 하며, 또한 하나님께서 만물을 창조하시기 전에 이미 존재했고, 창조 때에 하나님과 함께 했으며, 창조된 피조물과 더불어 기쁨을 누리는 존재이기도 하다(잠 8:22-31). 뿐만 아니라 지혜는 하나님께서 세상의 모든 통치자들에게 주셔서 세상을 다스리게 하실 때 따라야 하는 원리이기도 하다(잠 8:15-16).

소리를 높이는 지혜

"지혜가 부르지 아니하느냐 명철이 소리를 높이지 아니하느냐 그가 길 가의 높은 곳과 네거리에 서며 성문 곁과 문어귀와 여러 출입하는 문에서 불러 이르되 사람들아 내가 너희를 부르며 내가 인자들에게 소리를 높이노라."(잠 8:1-4)

위의 말씀은 만물의 창조와 통치에 있어 하나님의 동행자이자 원리로 묘사된 지혜가 ① 길 가 높은 곳에서 ② 네거리에서 ③ 성문 곁과 문어귀에서 ④ 여러 출입하는 문에서 자신의 소리를 높이고 있음을 보여준다. 여기서 '길 가 높은 곳'이란 모든 사람이 볼 수 있는 곳이며, '네거리'란 길이 교차하는 곳으로 늘 많은 사람들이 끊임없이 왕래하는 곳이며, '성문 곁'이란 공적인 통치와 재판이 이루어지는 곳(삼하 15:1-2)이며, '여러 출입하는 문'이란 신앙생활의 중심인 성전으로 통하는 곳이다(렘 7:2).[1] 지금도 유럽의 도시들을 방문해 보면, 도시의 한가운데 광장이 있고 그 바로 옆에 교회와 시청건물이 서 있다. 그리고 거기서부터 가게들과 주택들이 공존하면서 늘어서 있다. 비록 현대의 대도시들에서는 이런 공간들이 다 분리되어 버렸지만, 앞서 말한 지혜가 소리를 높이고 있는 4개의 공간은 사실 이 모든 것을 포함하는 곳으로 봐도 무방하다.

그렇다면 이 같은 4개의 공간에서 지혜가 소리를 높이고 있는 것은 무엇을 뜻할까? 그것은 지혜는 삶의 모든 영역, 곧 사람들의 생활이 이루어지는 모든 공간에서 활동하는 것임을 뜻한다. 지혜는 결코 특정한 사람들에 의해서만 공유되거나 특정한 장소에 국한되어서 선포되는 것이 아니다. 이런 점에서 지혜는 공적(public)이다. 그것은 모든 사람들에게 모든 장소에서 드러나고 나타나야 한다. 또한 모든 피조물에서 창조주가 세상을 움직여 가시는 원리로서 뚜렷이 나타나야 한다.

결론적으로 잠언이 묘사하는 지혜의 성격은 우리에게 기독교 복음과 복음의 담지자인 교회가 결코 사적인 것이나 심리적인 것, 내면적인 것에만 머물러서는 안 되고 교회 밖에 있는 영역에서도 목소리를 낼 수 있어야 함을 가르쳐준다. 현실적으로도 교회는 무인도나 사람의 발길이 닿지 않는 곳에 존재하지 않는다. 기독교 복음 또한 끊임없이 네거리와 성문 곁에 있는 존재이다. 따라서 교회는 근본적으로 교회 밖의 영역, 곧 국가, 문화, 사회 등과 같은 일반적인 영역과의 관계를 고민하지 않을 수 없다.

타락의 그림자

"어리석은 자 중에, 젊은이 가운데에 한 지혜 없는 자를 보았노라 그가 거리를 지나 음녀의 골목 모퉁이로 가까이 하여 그의 집 쪽으로 가는데 저물 때, 황혼 때, 깊은 밤 흑암 중에라."(잠 7:7-9)

기독교 복음과 교회에게 네거리나 성문 곁에서 자신의 존재를 소리 높여 드러내야 하는 사명이 있다고 말할 때 함께 생각해야 하는 것이 한 가지 있다. 그것은 지혜가 목소리를 높여야 하는 세상에는 음녀라는 존재도 있다는 사실이다. 이 음녀는 지혜와 같이 네거리나 성문 곁에 있지 않고 골목 모퉁이에 있다. 그리고 이들의 활동은 환한 낮이 아니라 깊은 밤에 이루어진다. 이는 앞서 말한 지혜가 활동하고 목소리를 높이는 그림과는 완전히 대조되는 모습이다. 상반된 지혜와 음녀가 공존하는 피조세계에서 그리스도인은 이 세상에 대한 창조주 하나님의 강력한 부르심(지혜)을 의식하면서도 동시에 이 세상 안에 있는 또 다른 측면(음녀)도 날카롭게 볼 수 있어야 한다.

오늘날 피조세계에는 창조주를 거역하는 음녀와 그

녀의 활동무대인 골목 모퉁이나 깊은 밤 같은 것이 여전히 존재하면서 활동하고 있다. 심지어 어떤 면에서 오늘날 피조세계는 인간의 죄악됨과 그 결과들이 빚어내는 삶과 문화, 역사 속에 놓여있다고도 할 수 있다. 지혜가 없는 자는 피조세계에서 활동하는 이 같은 음녀의 골목길을 향해 가게 될 것이다.

> "이 여인은 떠들며 완악하며 그의 발이 집에 머물지 아니하여 어떤 때에는 거리, 어떤 때에는 광장 또 모퉁이 마다 서서 사람을 기다리는 자라."(잠 7:11-12)

음녀는 단지 골목길에서나 어둔 밤에만 활동하는 것이 아니다. 때로는 거리나 광장, 네거리에서도 활동한다. 그녀는 사람들이 살고 움직이고 활동하는 모든 영역, 모든 곳에서 공공연히 자신을 드러내며 목소리를 높인다. 그러면서 그녀와 함께 할 자들을 찾는다. 그러므로 기독교 복음과 교회가 모든 피조세계와 문화 속에서 지혜의 목소리를 높이고자 할 때는 반드시 같은 피조세계와 문화 속에서 음녀도 함께 활동하고 있음을 인지해야만 한다.

분명한 믿음의 필수성

"여호와를 경외하는 것이 지식의 근본이거늘 미련한 자는 지혜와 훈계를 멸시하느니라."(잠 1:7)
"내 아들아 네가 만일 나의 말을 받으며 나의 계명을 네게 간직하며"(잠 2:1)

그렇다면 그리스도인은 어떻게 같은 장소에서 활동하는 음녀를 피하고 지혜의 목소리를 발할 수 있을까? 그것은 다름 아니라 우리가 목소리를 높이고자 하는 지혜의 근본이 무엇인지를 확고히 하는 것이다. 곧 여호와를 경외하는 우리 믿음의 근본적인 뿌리를 분명히 하는 것이다. 다시 말해 지혜의 목소리를 높이기 위해서는 하나님으로부터 오는 말씀을 듣고 간직하는 한편, 그분이 그리스도 안에서 주신 풍성한 선물들을 받고 또 성령님께서 우리의 심령에 새겨주시는 은혜의 실재를 경험할 수 있어야 한다. 나아가 이 모든 것을 은혜로 주신 하나님과 그리스도에 대한 우리의 신앙고백, 예배, 찬송, 기도를 성령님과 더불어 하나님께 올려드리는 경외함의 증거가 있어야 한다.

그런데 사실 이 모든 일은 교회 안에서 이루어지는

것이다. 따라서 음녀에 맞서는 진지인 교회를 확보하지 않는다면, 문화변혁은 음녀와의 싸움에서 결코 승리를 장담할 수 없을 것이다. 아무리 그리스도인에게 모든 피조물에 대한 책임과 사명이 있다 하더라도, 정작 그것이 교회에서 출발되지 않는다면, 모든 노력이 무의미해질 수도 있다. 이런 점에서 우리는 문화에 대한 논의보다 교회의 존재와 의미를 먼저 생각해야만 하는 것이다.

교회: 개혁주의 문화관의 키워드

Reformed view of the culture

그리스도의 통치는 하나님께서 창조하신 모든 피조세계를 향한다. 때문에 그리스도를 믿는 기독교 신앙 또한 모든 피조세계를 향할 수밖에 없다. 그리고 이런 측면에서 기독교는 언제나 문화와의 관계성 속에 존재하며 세상에 대한 사명을 가지게 된다.

그런데 지금껏 기독교와 문화의 관계성을 고찰할 때, '교회'라는 주제는 그다지 고려의 대상이 되지 못했다. 가령 기독교적 입장에서 문화를 다룰 때는 대개 그리스도인으로서 문화에 대해 어떤 태도나 관점을 가져야 하는지에 집중되어 왔거나, 또는 문화를 실제적으로 변혁하기 위한 방법론이 무엇인지를 고민해 왔다. 결과적으로 기독교와 문화의 관계성의 문제는 한 개인 그리스도인이 세상과 문화에 대해서 어떤 관점을 가질 것인가 또는 어떻게 양심적인 그리스도인으로서 사회문제에 참여할 것인가의 문제로 귀결되어 버렸다.

물론 이런 질문들은 의미를 가지며 포용될 수 있다. 하지만 기독교와 문화의 관계성에 대한 논의는 그리스도-교회-피조세계라는 삼각관계 속에서 다루어져야만 한다. 왜냐하면 그리스도께서는 교회를 충만하게 하시는 일을 모든 피조세계를 다스리시기 위한 출발점으로 사용하시고, 따라서 '교회'는 기독교와 문화의 관계를 이해하는데 가장 결정적인 열쇠이며 실재적인 전초기지가 되기 때문이다. 이런 점에서 교회에 대한 이해 없이는 기독교와 문화에 대한 성경적인 그림을 그릴 수 없다고 할 수 있다. 뿐만 아니라 그리스도인으로서 문화를 이해하고 변혁하기 위해서는 교회에 집중하시는 그리스도의 사역 안에서 우리가 함께 성령님의 피조물로 새롭게 창조되는 일이 먼저 있어야만 한다. 교회에 주어지는 복음의 말씀과 성찬을 통해서 그리스도의 모든 유익들로 무장되지 않고서 피조세계를 향해 이루어지는 그리스도인들의 일들은 올바르게 자리매김 되지 못할 가능성이 많다.

이 장에서는 기독교와 문화의 관계를 이해하기 위해 먼저 문화의 주인이신 그리스도의 통치의 시작과 그 토대가 형성되는 교회에 대한 기본적인 이해를 시도할 것이다. 특히 만물의 왕으로서 통치하시는 그리스도의 왕직의 일차적인 일터로서 교회에 대한 이해를 좀 더 분명히 할 것이다.

1. 교회: 그리스도 통치의 집중

앞에서 생각해 본 것처럼, 타락의 그림자가 짙게 드

리워진 문화에서 지혜가 소리를 높이는 것은 분명한 신앙적 바탕위에서만 가능하다. 즉 기독교 복음이 네거리에서 목소리를 높이기 위해서는 먼저 복음의 뿌리가 든든해야 한다. 그런데 복음이 뿌리내리고 자라고 꽃을 피우는 곳은 다름 아닌 교회이다. 그리스도께서는 부활하시고 승천하시어 하나님 우편에 만왕의 왕으로 자리하셨고, 그분의 이름은 모든 통치와 권세와 능력과 주권과 이 세상뿐 아니라 오는 세상에 일컫는 모든 이름위에 뛰어난 이름이 되었다. 이제 이 세상의 모든 만물은 그분의 발아래 복종하며(엡 1:21-22), 그분의 통치아래 놓이게 되었다. 그런데 여기에 교회라는 변수가 등장했다. 왜냐하면 그리스도께서 교회의 머리로서 만물을 복종케 하시기 때문이다. 그래서 교회는 만물 안에서 만물을 충만케 하시는 이의 충만이 되는 것이다(엡 1:23).

우리는 이 말씀을 통해서 그리스도와 그분의 몸인 교회, 그리고 만물이 삼각관계에 놓여 있음을 발견하게 된다. 이 삼각관계를 바르게 이해해야만 그리스도께서 만물을 통치하시는 바른 원리를 알 수 있게 되며, 또한 그리스도께서 어떻게 모든 피조물에 관여하시며 그들을 그분의 발아래 두시는지 이해할 수 있게 된다.

교회는 그리스도의 충만함이다. 그리스도께서는 교회

를 충만하게 하심으로써 만물을 충만하게 하신다. 그리스도께서는 만물을 통치하시기 위해서 일차적으로 모든 것을 교회를 충만하게 하시는데 집중하신다. 하이델베르크 요리문답은 그리스도의 영원한 왕 되심을 말하면서 만물을 직접적으로 통치하시는 일에 대해서는 침묵한다. 대신에 그분의 말씀과 성령으로 교회를 다스리시는 사실만을 언급한다. 곧 말씀과 성령으로 교회가 구원을 누리도록 보호하고 보존하시는 일에 집중하신다는 것이다 [하이델베르크 요리문답(이하 HC로 표기) 31문].

그렇기 때문에 우리는 피조세계와 그 문화를 말하기에 앞서 교회를 이해해야만 한다. 또한 교회가 그리스도와 그분의 말씀으로 충만하게 되는 일, 분명한 신앙고백 위에 세워지는 일 없이는 문화에 대한 어떤 실제적인 영향력도 발휘할 수 없다는 사실에서 출발해야만 한다. 이것이 기독교와 문화의 관계를 말하기에 앞서, 교회는 무엇이며 교회가 교회로서 갖추어야 할 것이 무엇인지를 먼저 확인해야 하는 이유이다. 그리스도인이 문화에 어떻게 참여할 것인가의 문제는 한 성도가 참된 교회 안에서 그리스도의 지체가 되는 것을 통해서 현실화된다. 따라서 문화를 고민하는 그리스도인은 먼저 교회를 알아야 한다. 그리고 실제로 교회 안에서 참된 성도로 세워지는 일이 반드시 선행되어야 한다.

참된 성도가 되는 것은 단지 자신의 종교가 기독교라고 말할 수 있는 사람이 되는 것과는 전혀 다른 차원의 이야기이다. 이는 살아있는 삼위일체 하나님의 생생한 일하심과 임재하심 속에서 이루어지는 매우 역동적인 과정이다. 교회 안에서 삼위 하나님과의 살아있는 교제 없이 그리스도인으로서 어떤 문화에 대해 관점을 가지는 것은 전혀 무의미한 담론이 되고 만다. 우리는 여기서 단지 일반적인 교회론을 살펴보고자 하는 것이 아니다. 그보다 교회 밖의 광범위한 피조세계를 향해서 전진해 나가기 전에 교회 안에서 이루어져야 할 성도들의 역동적인 삶에 대한 것이다. 왜냐하면 날마다 순간마다 교회 안에서 성도로 지어져갈 때 비로소 교회 밖의 문화로 나갈 수 있는 길이 열리기 때문이다. 따라서 교회에 대한 앞으로의 모든 서술은 다음과 같은 전제아래서 이루어질 것이다. 즉 그리스도 안에서 이루어지는 전체 피조세계를 향한 하나님의 통치를 말하기에 앞서서 교회 안에서 성도들을 향한 살아있는 삼위일체 하나님의 역동적인 섬김의 일을 알아야 한다는 것과 그 속에서 진정한 성도로 자라가는 일이 먼저 있어야 한다는 것이다.

2. 교회: 삼위일체 하나님의 섬김의 현장

(1) 구체적인 예배 공동체

교회는 예배공동체이다. 창조 때부터 세상 끝까지 교회는 존재할 것인데, 이 교회의 존재를 구체화하는 것이 다름 아닌 예배이다. 아담과 하와는 안식일의 규례를 통해서 예배드렸다(창 2:1-3). 가인과 아벨, 노아, 그리고 족장들이 이룬 교회 또한 제단 제사를 드리는 공동체로서 구체화된다. 이런 점에서 민족으로서 이스라엘 자체는 교회가 아니다. 그보다 구체적으로 예배를 드리고 있는 카할(qahal, 총회)이 곧 교회이다. 그래서 이 구체적인 예배 현장에서 확인되는 카할에 속하지 못하는 이스라엘 족속들이 발생하게 되는 것이다(신 23:1-8).

구약의 교회는 구체적인 예배로 모인 하나님의 백성들이다(신 4:10). 거기서 여호와는 그분의 말씀을 주시면서(신 4:10) 그분의 언약을 선포하시고(신 4:14). 또 그 언약에 합당한 백성 속에 임재하신다. 이 언약에 합당한 규례와 법도를 받고 언약백성의 정체성을 확인하는 자리에 모인 구체적인 사람들이 교회가 되는 것이다.

신약교회도 이와 같은 정체성을 가진다. 신약교회는 구체적인 모임이었기에 무엇보다 모이기를 힘썼다(행

2:42; 고전 14:26; 히 10:25). 그들은 모여서 부활을 증언하는(행 4:23) 사도의 가르침을 받고(행 2:42), 성찬을 행하고(행 4:24, 46), 하나님을 찬송하였다(행 2:47). 특히 고린도에 있는 하나님의 교회는 모일 때에 말씀(가르치는 말씀, 계시, 방언, 통역함)과 찬송시가 있는 구체적인 공동체 모임이었다(고전 14:26). 이들은 모일 때에 주께서 바울에게 넘겨주신 말씀에 따라 성찬을 행했다(고전 11:17-34; 반복적으로 '모일 때에'를 강조함). 모여진 공동체로서 교회의 정체성은 예수님을 주라 선포하는 성령님의 사역에 있다(고전 12:3). 두 세 사람이 모인 곳에 주님의 임재가 있다(마 18:20). 삼위일체 하나님의 이름 안으로 들어오는 세례가 행해지는 곳, 예수님의 모든 복음이 가르쳐지는 곳에 그리스도께서 함께하신다(마 28:19-20).

궁극적으로 교회는 구체적으로 모인 예배공동체이다. 모인 카할 속에서 주님의 이름을 형제에게 선포하고 주님을 찬송하는 것이 교회이다(시 22:22). 찬송과 영광 돌림, 그리고 하나님을 경외하는 것이 모인 회중의 존재 이유이다(시 22:26). 이 예배가 모인 회중으로부터 모든 족속과 모든 만물에게 전파되고 확산되면서 같이 성취된다(시 22:27; 계 5:8-14). 모여서 예배하는 교회는 시온 산과 살아계신 하나님의 도성인 하늘의 예루살렘, 그리고 천만 천사와 하늘에 기록된 장자들의 모임의 구체적인 실현이다(히 12:22-23).

(2) 복음 설교

높아지신 그리스도께서는 자신을 위해 말씀과 성령으로 교회를 불러 모으시고 보존하시고 통치하신다(HC 54문).[1] 승천하신 그리스도께서 구체적으로 이 교회를 위해서 하시는 일은 에베소서 4장에 잘 나타나 있다. 바울은 그리스도께서 어떻게 교회에 은혜의 선물을 주시는지를 설명하면서 시편 68편을 인용한다. "그러므로 이르기를 그가 위로 올라가실 때에 사로잡혔던 자들을 사로잡으시고 사람들에게 선물을 주셨다 하였도다."(엡 4:8)

다윗은 언약궤가 다윗성으로 들어올 때 승리하신 여호와 앞에서 힘을 다해 춤을 추고 여호와를 대신해 전리품을 나누어 주었다(삼하 6:19). 이는 승리하셔서 부활 승천하신 예수님께서 우리에게 승리의 전리품을 부어주시는 것을 보여주는 그림이기도 하다. 시편 68편은 이 사건을 배경으로 원수들을 흩으신 하나님께서 자기 백성에게 주시는 살아있는 기쁨을 보여준다. 시온을 향해서 올라가는 법궤는 주께서 직접 나의 하나님 나의 왕으로서 성소로 행차하시는 것이다(시 68:24). 높은 곳으로 오르시면서 여호와께서는 선물들을 사람들에게 받으신다(시 68:18). 즉 승리하신 여호와께서 백성들에게 그분의 전리품을 주시면서 동시에 백성들로부터 선물을 받으시는 것이다. 다시 말해 하나님께서는 은혜를 부어주시는 한편, 백성들의 찬송을 되돌려 받으시는 것이다.

승천하신 예수님께서는 하나님의 우편인 하나님의 영원한 성소에서 교회에 선물을 나누어주신다. 또한 교회를 자신의 것으로 무장시키고 장식하시며 구원의 은덕들로 채우신다. 교회는 철저하게 오직 하나님께로부터 난 실체이다. 그리고 오직 하나님께로부터 나왔기에 그리스도 안에 있게 된다. 예수님께서도 교회와 같이 하나님에게서 나왔다. 그러나 예수님께서는 교회에게 지혜, 의로움, 거룩함, 구원함이 되신다(고전 1:30). 하나님께로부터 나온 교회는 그리스도 안에 있으면서 그분이 하나님께로부터 받아서 함께 공유한 은덕들을 그리스도 안에서 누리게 된다.

은혜의 방편으로서의 말씀은 선포된 복음의 설교이다. 특별히 루터는 복음이 전파되는 곳이 교회라고 강조했다.

교회의 생명은 오직 하나님의 말씀가운데 있습니다. 말씀은 하늘에서 땅에 건네졌고 땅에 건네진 말씀은 교회를 창조했습니다. "말씀이 있는 곳에 교회가 있다." 교회는 복음의 피조물입니다. 복음이 선포될 때 그곳에 교회가 창조됩니다. 그리스도의 기쁜 소식은 필연적으로 그리스도에 대한 신뢰와 신앙을 만들어 내고 이 신앙을 통해서 그리스도께서는 그분의 백성을 보존, 통치하십니다. 누구도 하나님 말씀 외에는 그 어디에서도 그리스도를 발견할 수 없습니다. 그리스도께서는 복음을 통해서만 우리에게 오시고, 복음은 그리스도를 추구하는 한에서 성경을 통해서 주어집니다(그리스도의 몸인 교회). 신앙은 성령에 의해서만 주어지고 성령의 사역은 숨겨져 있습니다(성령에 의한 교회). 교회는 하나님의 말씀을 듣고 기쁜 소식을 믿는 신자들의 모임입니다. 사제가 아니라 성도와 그 성도들의 교제가 교회입니다. 그리스도인으로 부름받은 백성의 모임이 곧 교회이며, 이 부름에 반응하는 모임은 거룩한 공동체가 됩니다.[2]

복음은 단지 예수님을 증거하고 제시할 뿐만 아니라 복음 안에서 예수님께서 직접 자신을 주시기도 한다. 예수님께서는 그분 자신을 교회에 채우신다. 이런 점에서 그분은 교회의 머리이고, 교회는 머리인 그분의 몸이다. 자신을 주시는 주님은 주님 안에 있는 은덕들을 말씀을 통해 주시면서 교회를 채우시고 자라게 하시고 온전하게 하신다.

성령님은 말씀과 함께 사역하신다(*cum verbo*).³ 성경은 성령님의 학교이고, 성령님은 성경의 저자이시다.

> 성경은 성령의 증거에 의해서 확증되어야 한다. 거기에 성경의 권위와 신빙성의 원천이 있다. 성령의 증언은 모든 논리보다 뛰어나다. 하나님만이 자신의 말씀에서 자신에 대한 적합한 증인이신 것처럼, 말씀이 성령의 내적 증거로 인쳐지기 전에는 사람의 마음에 수용되지 못한다.⁴

성령님과 성경은 하나로 인식된다. "말씀은 주님께서 그의 성령의 조명을 신자들에게 나누어 주시는 도구이다."⁵ 성령님께서는 스스로 말씀하시지 않고, 그리스도께서 말씀을 통해 주신 것을 제자들의 마음에 넣어주시는 분이다(요 16:13).

하나님의 깊은 것들(τὰ βάθη τοῦ θεοῦ)⁶ 곧 하나님 자신을 통달하시는 분은 오직 성령님이시다(고전 2:10). 하나님의 일은 오직 성령님만이 아신다(고전 2:11). 따라서 하나님의 영을 받은 자들만이 하나님의 깊은 것들을 알 수 있다. 헬라인들이 자랑하는 지혜가 아니라 성령님 안에 있는 자들만이 참된 지혜를 가진다. 그런데 이 지혜는 다름 아닌 예수 그리스도의 십자가이다(고전 2:2). 오직 십자가만이 하나님의 깊은 것들이다. 이 십자가를 성령님 안에서 아는 자들이 영적인 자들이요 신령한 자들이다. 이들은 그리스도의 마음을 가진 자들이다(고전 2:16).

이와 같은 모든 일이 예배에서 일어나는 사건이다. 무엇보다 삼위일체 하나님께서 예배로 모여 있는 교회에 말씀을 통해 오셔서 섬기신다. 우리의 섬김보다 우선적으로 삼위일체 하나님의 섬김의 사건이 예배이다. 그런데 하나님의 섬김의 절정은 말씀선포이다. 말씀인 복음의 설교는 예수님을 주라고 선포하면서 하나님께 영광을 돌린다(빌 2:10-11; 고전 12:3). 예수님을 주라 선포하고 고백하고 부르는 구체적인 말씀선포와 그것을 믿음으로 수납하고 아멘하면서 하나님께 영광을 돌리는 것이 구원이다(롬 10:8-10; 고후 1:20). 죄는 구원 없음인데, 이는 예배의 사건 안에 있지 않은 상태이다(롬 1:21-25). 또한 예배에 찾아오시어 섬기시는 삼위일체 하나님의 말씀 바깥에 있는 것은 스스로 출교와 권징의 상태에 자신을 두는 것이다.

(3) 성례

성찬에서 우리는 그리스도의 몸과 피를 먹고 마신다. 왜냐하면 예수님께서 참된 양식과 참된 음료가 되시기 때문이다(요 6:54). 또한 예수님께서는 생명의 떡이신데(요 6:48), 이는 곧 그리스도의 살($\dot{\eta}$ $\sigma \acute{\alpha} \rho \xi$ $\mu o \acute{u}$ $\dot{\epsilon} \sigma \tau \iota \nu$)을 뜻한다(요 6:51). 이를 두고 유대인들은 식인주의(cannibalism), 곧 창세기 9장 4절에 나오는 피까지 먹지 말라는 계명을 어기는 것이라고 생각했다(요 6:52). 그런데 사실 예수님께서는 그보다 더 강한 동사인 트로고($\tau \rho \acute{\omega} \gamma \omega$)를 사용하셨다($\tau \rho \acute{\omega} \gamma \omega \nu$ $\mu o u$ $\tau \grave{\eta} \nu$ $\sigma \acute{\alpha} \rho \kappa \alpha$, 요 6:54). 이는 물리적으로 씹고 물어뜯고 소리를 내어 깨무는 것을 의미한다. 따라서 성찬에서 우리는 실제로 생명의 양식인 그리스도를 믿음으로 먹는 것이다. 이는 단지 상징이 아니며 미신적인 마술주의도 아니다. 실제로 예수님을 먹고 마시면서 그분 안에서 연합을 누리는 것이다(요 6:56). 즉 성찬을 통해 예수님께서 우리 안에 내주하시고, 우리는 예수님 안에 거하게 되는 것이다. 나아가 삼위일체 하나님의 살아있는 교제 속으로 들어가는 것이다(요 6:57). 성부께서는 자신 안에 생명을 지니도록 아들인 예수님에게 생명을 주셔서 그가 아버지로 인해 살도록 하신다(요 5:26).

> 누구든지 그의 살과 피에 참여하는 자는 동시에 생명에 참여함을 누리게 된다. 그리스도의 육체는 마치 풍성하고 다함이 없는 근원과도 같아서 하나님께로부터 그 속으로 흘러들어가는 그 생명을 우리에게 부어주신다. 이제 그리스도의 살과 피의 교제가 하늘의 생명을 사모하는 모든 사람들에게 필수적이라는 사실을 누가 깨닫지 못하겠는가?[7]

성찬을 받는 교회는 영생을 받게 된다. 예수님께서는 그분의 몸을 세상의 생명을 위해서 주셨다. 우리는 이런 예수님께 연합하여 성찬에서 그분의 부활에 최종적으로 참여함을 누리고 보증받는 것이다. 하이델베르크 요리문답은 성찬에서 우리가 예수님의 몸을 먹고 예수님의 피를 마신다는 의미를 다음과 같이 정리한다.

① 그리스도의 고난과 죽음을 믿음으로 받아들여 죄

사함과 영생을 얻는 것.

② 그리스도 안에, 또한 우리 안에 거하시는 성령으로 말미암아 교회가 그리스도의 거룩한 몸에 더욱 더 연합되는 것.

③ 비록 그리스도께서는 하늘에 계시고 우리는 땅에 있다 할지라도 우리는 그의 살 중의 살이요 그의 뼈 중의 뼈라는 것.

④ 한 지체들이 한 영혼에 의해 살고 다스림을 받듯이, 교회도 한 성령에 의해서 영원히 살고 다스림을 받는다는 것.(HC 76문)

(4) 직분

교회의 모든 성도들은 직분자이다. 그들은 그리스도의 기름부음에 참여하고, 선지자로서 그리스도의 이름의 증인이며, 제사장으로서 감사의 산 제물을 드리고, 왕으로서 죄와 사탄에 대항하여 싸우는 자들이다(HC 32문). 한편 그리스도께서는 복음의 설교와 성례를 시행하시면서 교회를 풍성하게 만드시는데 직분자들을 사용하신다(엡 4:11-12). 은사와 직분, 일은 성부와 성자, 성령의 삼위일체 하나님 안에서 사실상 하나의 실체로 존재한다

(고전 12:4-6). 직분을 맡기실 때는 그 일에 필요한 은사도 함께 주신다. 따라서 은사가 있다고 직분자가 되는 것이 아니라 하나님께서 직분자로 세워주시면서 은사가 채워지는 것이다.

직분자는 기본적으로 참 목자가 되시는 그리스도의 목양을 위임 받아 언약백성이 그 언약 안에 살도록 보존하고 성장하게 만드는 사람들이다. 그리스도의 몸을 머리되시는 그리스도를 향해 좀 더 자라도록 하는 자들이다. 따라서 직분은 교회의 부족함을 채워가면서 그리스도의 몸을 풍성하게 하기 위해서 존재하는 것이다(고전 12:12-31). 곧 덕을 세우고 권면하고 위로하는 것이 직분의 목적이다(고전 14:3). 특별히 목사는 예배를 인도함으로써 덕을 세운다(고전 14:26). 직분자가 말할 때 잠잠해야 하는 이유는 그를 통해서 권면이 이루어지기 때문이다(고전 14:30-31).

직분은 예배에서 구체화되고 예배를 위해서 존재한다. 그리고 예배를 지키기 위해서 직분자는 복음을 설교하며 권징해야 한다. 또한 모인 예배에서 선포된 말씀이 흩어진 교회 성도들에게서 온전히 나타나도록 돌아봐야 한다. 이런 점에서 복음의 설교와 권징은 직분자를 중심으로 실행되는 열쇠권의 두 양면이라 할 수 있다(HC

84-85문). 즉 복음 설교를 통해서 천국이 열리고 닫히며, 권징을 통해서 천국이 닫히고 열리는 것이다. 한편 권징은 예배 중에서 실현되는 복음 설교로 구체화되어야 한다. 복음 설교의 실현 방식이 권징이어야 한다. 따라서 권징, 복음 설교, 성찬은 열쇠권에서 하나의 실체임을 확인할 수 있다(HC 83문). 왜냐하면 열쇠권을 사용함으로써 교회와 직분자는 성찬을 지켜야 하기 때문이다(HC 82문).

(5) 예배, 찬양, 기도

직분자의 섬김의 핵심은 복음 설교, 권징, 성례이다. 그리고 이것들은 예배로서 구체화되는 교회의 근간이다. 우리는 이를 참된 교회의 표지라는 도식적인 표현으로 나타낸다. 하지만 이들은 은혜의 방편이기도 하다. 그래서 칼빈의 예배에 대한 노력을 연구한 브린넌(Brinnen)은 다음과 같이 칼빈의 생각을 정리했다.

> 성경은 어디에서도 예전에 대한 청사진을 제시하지 않으며 어디에서나 사용할 수 있는 정해진 예배순서를 말해주지 않는다. 그럼에도 불구하고 말씀의 선포, 찬양과 기도, 성례, 적어도 이 세 가지는 성경에

따라서 계시된 하나님의 뜻에 의한 것이라는 것을 받아들여야 한다. 그러나 이 세 가지 외에 다른 예배에 대한 규칙들은 하나님과 서로에 대한 책임과 지혜와 사랑 안에서 찾을 수 있도록 하나님께서 우리에게 넘겨주신 것이다.[8]

칼빈은 1542년에 작성한 *La Forme*[9]에서 다음과 같이 말했다. "우리 주님은 그의 말씀의 설교, 공적인 기도, 성례의 실시, 이 세 가지가 우리의 영적인 집회에 반드시 있어야 할 것으로 받아들이기를 명령하셨다." 찬송과 기도는 일차적으로 말씀 속에서 자기의 이름을 선포하신 삼위일체 하나님을 향하는 교회의 아멘이요 복을 주시는 하나님께 복을 돌려드리는 것이다(엡 1:3). 그런데 교회는 찬송과 기도로 하나님께 응답하지만, 하나님께서는 이것들조차도 삼위일체 하나님을 드러내는 방편으로 사용하신다. 기도와 찬송은 복음 설교에 대한 복창이다. 같은 내용을 말하면서 "네, 그렇습니다."하면서 하나님께 자신을 드리는 것이다. 그렇기 때문에 복음 설교와 기도, 찬송은 내용에 있어서 동일하고 비록 직간접의 차이가 있기는 하지만, 함께 은혜의 방편이 된다(웨스트민스터 대요리문답 154, "은혜의 방편으로서의 기도").

(6) 신앙고백과 권면

개인적인 신앙고백도 간접적인 은혜의 방편이 된다. 고백은 근본적으로 하나님의 큰 구원의 일을 말하는 것이다. 시편 22편에서는 예배를 담당한 직분자가 아닌 왕인 다윗이 예배 중에 찬송하는 것을 볼 수 있다. 그런데 구약에서 예배의 직분은 단연 제사장이었다. 반면 시편 22편에서 다윗은 직분자가 아니라 우리 식으로 표현하자면 평신도 개인이었다. 그런데도 다윗은 구원을 여호와의 신실하심으로 돌리면서 이를 회중가운데서 행하였다(22절, 23절, 25절). 곧 자신에게 구원을 가져다 준 하나님의 도움과 신실하심에 대한 감사가 회중 가운데서, 곧 예배에서 이루어진 것이다. 이처럼 지극히 개인적인 상황과 언어를 사용하지만 예배 중에 회중과 함께 하나님의 구원과 신실함을 찬양하고 선포하는 시편 22편은 결국 이 모든 것을 "주께서 행하셨다"(여호와께 속한 혹은 여호와께서 행하신 것으로 번역될 수 있다)는 사실을 대대에 전하는 것으로 마무리된다(30, 31절). 이 같은 "주께서 행하셨다."는 고백은 사도행전에서 교회가 예배로 모였을 때도 동일하게 사용된다(행 14:27; 15:4).

바울은 디모데에게 예배 중에 읽는 것, 가르치는 것, 권면하는 일에 전념하도록 명령한다(딤전 4:13). 에스라도 같은 일을 행했다(느 8:8). 사도행전 13장 15절의 회당예배에서 율법과 선지자를 읽은 뒤에 누군가가 읽은 율법과 선지자를 권면해 주도록(παρακαλέω,파라칼레오) 초대받는데, 여기에 바울이 나와 율법과 선지자에 근거해 복음을 말하는, 곧 권면하는 장면이 나온다. 사도에게만 속한 이 같은 권면의 일은 곧 하나님의 복음 그 자체를 전하는 것과 같다(살전 2:2-3). 따라서 히브리서와 베드로전서 전체는 사도의 권면이다(히 13:22; 벧전 5:12). 여기서 권면(παράκλησς, 파라클레이시스)은 단순한 도덕적인 호소가 아니라 그리스도 안에서 성령님을 통해 주어지는 구원의 일, 곧 복음 자체를 말한다. 권면하는 일이 일차적으로 사도에게 속한 것이긴 하지만, 성도들 또한 서로서로를 권면해야 한다. 바울은 골로새서 4장 16절에서 그들 속에 풍성히 거하는 그리스도의 말씀을 '서로 서로' 가르치고 권면하고, 그 말씀으로 찬송과 감사해야 한다고 강조한다. 권면은 그리스도의 말씀에서 나오는 모든 지혜가 되어야 함을 기억해야 한다. 동시에 찬양과 감사가 모든 성도의 의무이듯이, 권면 역시 사도들과 장로들만이 아니라 모든 성도가 반드시 해야 할 일임을 분명히 알아야 한다. 이렇듯 찬양과 기도와 권면은 복음 설교를 복창하면서 그 복음의 원천이 되시는 삼위일체 하나님을 향한다. 그래서 예배는 삼위일체 하나님에게서 시작해서 삼위일체 하나님으로 돌아가는 것이다(롬 11:33).

3. 교회: 만물을 충만케 하시는 이의 충만

우리는 이와 같이 생생한 삼위일체 하나님의 역사가 일어나고 있는 교회 안에서 살고 있는가? 교회에 집중하시는 그리스도의 왕적인 통치에 구체적으로 순종하는 삶을 살고 있는가? 이제까지 우리는 교회가 예배하는 공동체라고 말해 왔다. 삼위일체 하나님께서 오시어 교회를 구체적인 은혜로 채우시는 사건이 예배이고, 찾아오신 삼위일체 하나님과 그 은혜를 주신 그대로 반복하면서 하나님께로 복을 돌리는 것이 교회를 교회로 재창조해가는 하나의 여정이다. 그렇다면 예배하는 공동체인 교회, 삼위일체 하나님의 일차적인 새로운 피조물인 교회는 왜 세상을 향해 있는가? 어떻게 문화와 만날 것인가?

승리하시고 승천하신 예수 그리스도의 통치의 범위는 온 우주를 포괄한다. 그것은 만물을 대상으로 삼는다. 그러나 예수님의 통치의 중심은 다름 아닌 교회이다. 예수님께서는 말씀과 성령으로 교회를 다스리신다. 구약의 여호와 하나님은 이방나라와 왕들에게도 창조주이자 하나님이시다. 그럼에도 불구하고 여호와의 통치는 자기 백성을 중심에 두고 이루어진다.

그리스도께서는 모든 통치와 권세와 능력과 주관과 모든 세상에서 일컫는 모든 이름 위에 뛰어난 이름이고 인격이시다. 모든 만물은 그분의 발아래 복종한다(엡 1:21-22). 그분은 모든 피조물보다 먼저 나신이다. 만물은 예수님에게서 창조되고 예수님으로 말미암고 예수님을 위하여 창조되었다. 또한 만물은 예수님 안에 함께 섰고, 예수님 안에서 통일된다(골 1:15-17 τὰ πάντα ἐν αὐτῷ συνέστηκεν). 아버지 하나님께서 만유 위에 계시고 만유를 통일하시고 만유가운데 계신 것처럼(엡 4:6), 그리스도 안에서 만유가 통일된다(엡 1:10 ἀνακεφαλαιώσασθαι τὰ πάντα ἐν τῷ Χριστῷ).

창조 때에 계시되어 나타났던 말씀(창 1:2)과 지혜(잠 8장)는 신약에 와서 그리스도로 구체적으로 계시된다. 다만 그리스도가 창조주로서 만유와의 관계에서 언급될 때는 독특한 순서를 가진다. 먼저 교회가 예수님의 구원을 확인한다. 이 구원을 확실하게 누리는 교회는는 단지 구원만이 아니라 창조 또한 한 뿌리에서 나온다는 것을 바라보게 된다. 그리고 창조와 관계하신 그리스도를 송영의 문맥에서 높여드린다. 어떤 학자들은 이런 내용을 표현하기 위해서 '창조 중보자'[10]를 말하기도 하였다. 그러나 이 용어는 적절하지 않다. 중보자는 창조에 관련된 단어가 아니라 하나님과 죄인 사이의 구원에서 말해질 수 있기에, 하나님의 창조세계는 중보자를 필요로 하지 않는다. 그러나 구원의 중보자이신 그리스도께서 창조까지 간섭하시고 함께하셨음은 분명하다.

만유와 만물을 통치하시는 그리스도께서는 다름 아닌 교회의 머리이시다. 여기서부터 그리스도, 만물, 교회의 삼각관계가 발생한다. 그리스도의 통치는 직접적으로 만물을 향하지 않고 교회를 향해 있다. 그렇지만 그리스도께서는 만물을 통치하고 만물이 그 아래 무릎꿇는 만물의 근원이시며, 만물을 충만하게 하시는(엡 4:10)분이다. 이를 위해서 그리스도께서 하시는 일은 먼저 자기 몸을 세우시는 것이다. 그리스도께서는 하나님을 아는 지식을 직분자를 통해서 교회에 제공하신다. 또한 이를 믿는 성도들이 하나가 되어 한 몸인 그리스도 안에서 함께 장성한 분량에 이르도록 하신다. 성도들은 사랑 안에서 머리이신 그리스도를 향해 함께 자란다. 이것이 교회의 온전함이요 충만함이다. 그리고 이 교회의 충만함이 곧 만물의 충만함을 이루는 출발점이요 기초가 된다.

앞으로 우리는 기독교와 문화의 관계를 고민하는 몇 가지 모델들을 살펴보려고 한다. 그런데 여기서 항상 염두에 두어야 하는 점은 그들이 교회를 어떻게 보고 있는가 하는 것이다. 기독교와 문화의 관계는 교회를 기초로 이해되어야 한다. 문화에 관심을 가지는 기독교인은 교회 속에서 신실한 그리스도의 몸이 되는 일에서 출발해야 한다. 교회가 그리스도의 몸으로 세워지는 일이 없다면, 문화 변혁의 꿈은 헛된 것이 될 것이다. 따라서 기독교와 문화의 관계성을 논하는 모든 모델들은 항상 교회 중심성을 놓쳐서는 안 된다. 개혁주의가 말하는 문화관의 독특성은 바로 교회 중심성에 있으며, 앞으로 보게 될 개혁주의 문화관의 모델들도 공통적으로 이를 전제한다.

아브라함 카이퍼는 국가로부터 교회의 독립성과 자율성을 확보하는 것이 그의 모든 사역의 출발점이었다. 프랑스 혁명 정신의 물결에 맞서 모든 삶의 영역에서 교회의 의미있는 주도성을 확보하는 일에 그의 사역의 최종적인 목적을 두었다. 교회는 평생 지속된 그의 열정의 시작이자 든든한 기초요 동력이었다. 끌라스 스킬더는 카이퍼보다 더 강하게 기독교의 문화변혁적 역할을 강조하였다. 그러나 그는 그리스도와 그분의 몸된 교회, 그리고 교회 안에서 전파되는 복음과 관련 없는 문화적 활동의 위험성을 경고하였다. 세상 문화에 대한 강한 비관과 기독교인의 책임에 대한 강력한 촉구가 그의 생각 속에서 공존하였다.

나그네와 행인으로서의 삶은 그리스도 안에서 살아가는 자들의 기초 윤리이다. 이것은 막연한 이원론적 관점을 의미하지 않는다. 교회에서 성숙한 참된 성도가 되는 일이 가장 우선적인 것이며 이런 성도들만이 문화에 대해서 참여할 수 있는 기회를 가진다. 나아가 더 구별된 대안의 문화를 형성할 강력한 토대를 얻게 된다.

개혁주의 안에서 논의되는 기독교와 문화에 대한 세 패러다임은 공통적으로 교회 중심이다. 교회는 그리스도의 통치가 향하는 모든 문화를 생각할 때, 항상 중심과 매개로 자리잡아야 한다. 교회 중심으로 기독교와 문화의 관계성을 보는 생각만이 원리적으로 옳을 뿐 아니라 실질적으로 의미 있는 문화 변혁을 이룰 수 있는 길을 제공할 것이다.

아브라함 카이퍼 Abraham Kuyper

2

Reformed view of the culture

1. 교회의 사람, 카이퍼

이전에는 사람들로 하여금 삶의 신성함을 생각하게 하는 많은 것들이 있었다. 그것들은 높은 곳에 관심을 가지는 사상들이었고 영원을 마음에 불러 일으켰다. 그러나 모든 것들이 달라져 버렸다. 일상생활에서 하늘, 거룩, 영원 등에 대한 기억들이 우리 영혼에 남아있도록 하는 것들은 거의 사라져 버렸다. 공적인 삶에서 하늘에 대한 모든 묵상들의 불꽃이 사그라들었다. 아무도 하나님에 대해서 말하지 않는다. "당신이 반드시 죽는다는 것을 기억하라"(memento mori)는 격언조차도 당신의 죽음을 생각나게 하지 못한다. 묘지는 공원으로 변하고 거룩하고 성스러운 것들은 조롱거리가 되었다. (중략) 하나님 없는 삶이 하나님을 경외하는 삶보다 더 번성하고 있다.[1]

위의 글은 카이퍼가 남긴 시편 묵상의 글들 중 한 부분이다. 하나님에 대한 경외가 사라져 가는 시절, 외형의 화려함에도 불구하고 기독교가 근대 자유주의의 파도 속에서 침몰해 가는 시대에 대한 그의 안타까움을 엿볼 수 있다.

카이퍼는 외형적으로는 여전히 기독교 국가에서 살았다. 그러나 실제로는 참된 기독교가 아닌 것들이 현실이 된 사회에서 치열하게 씨름해야만 했다. 그는 국가, 학문, 교육, 사회, 정치 등의 영역들이 모두 기독교적인 것이라고 믿고 있던 사람들에게 그것들은 단지 기독교의 가면을 쓰고 있는 것일 뿐이라는 사실을 지적해야만 했다. 오히려 그가 보기에 이 모든 영역들은 사실상 프랑스 혁명의 정신으로 채워져 있었다.

카이퍼는 기독교가 지배적이라고 믿고 있었던 사람들에게 다원화된 국가, 사회, 문화적 현실을 정확하게 알려주었다. 모든 문화적인 삶의 영역이 사실 가면을 벗겨보면 계몽주의로 가득하다는 사실을 폭로하였다. 당시로서 카이퍼의 이런 주장은 기독교 역사에서 한 획을 긋는 생각이었다. 왜냐하면 그 누구도 이런 사실을 분명하게 인식하고 신학적으로 정립하지 못했기 때문이다.

카이퍼가 활동했던 시기는 19세기 후반에서 20세기 초였다. 따라서 지금부터 거의 100여년 이상의 시간의 간극이 카이퍼와 우리 사이에 놓여 있는 것이다. 더군다나 오늘날 한국사회는 카이퍼가 살았던 당시의 유럽사회와 달리 기독교가 지배적인 권력을 행사한 경험이 없다. 오히려 처음 복음이 전해질 때부터 한국사회는 종교적으로 다원화된 사회였고, 기독교는 그 종교들 중에 하나였을 뿐이다. 이렇듯 카이퍼와 우리가 처한 현실적인 터전에 분명한 차이가 있기 때문에 카이퍼의 고민이 직접적으로 우리의 고민이 되기는 어려울 수도 있다. 카이퍼의 사상을 있는 그대로 우리에게 적용하는 것은 무리가 있다는 말이다.

하지만 카이퍼의 사상이 꽃핀 배경과 그 속에서 그가 지닌 생각의 단초들과 고민들을 추적함으로써 조심스럽게 카이퍼가 한국교회에 던져줄 수 있는 자산들을 탐구하는 것은 충분히 가치있는 일이다. 무엇보다 카이퍼는 당시의 서구사회가 다원화되었다는 사실을 인식하면서 자신의 작업을 진행했다는 점에서 오늘날 다원화된 사회를 살고 있는 한국교회에 의미있는 빛을 던져줄 수 있을 것이다.

목사이자 자유대학의 설립자로, 또한 기독교 언론인이면서 한 정당의 당수요 국회의원, 나아가 한 국가의 수상으로서 살아간 삶을 통해 카이퍼가 보여준 사회와 문화에 대한 깊은 관심은 다시 재론할 필요가 없을 정도이다. 그 만큼 언론, 정치, 교육 등의 영역에서 보여준 활약을 중심으로 카이퍼를 이해하는 것은 이미 여러 방면을 통해서 시도되었다.

물론 공공신학적 입장에서 카이퍼를 조명하는 입장은 나름대로 충분한 의미를 지닌다. 하지만 이 모든 것 이전에 그는 목사와 신학자였다. 그래서 나는 그의 사상에서 교회에 대한 이해가 얼마나 결정적인 것인가에 주목하고자 한다. 카이퍼는 누구보다도 교회로부터, 교회와 함께 그리고 교회를 중심으로 삶과 문화의 모든 영역들을 고민한 교회의 사람이었다. 그의 고민의 시작이자 종점에는 언제나 어떻게 하면 교회가 그리스도의 통치의 도구가 될 것인가 하는 질문이 있었다.

국가와 프랑스 혁명의 정신 사이에서 교회의 길을 모색한 카이퍼가 받아들인 것은 국가나 기독교의 지배권이 아니라 사회적인 다원성이었다. 그리고 이 같은 다원성에 대한 그의 문제의식을 표현한 것이 바로 그의 '영역주권' 사상이었다. 그는 이 사상을 통해 더 이상 어떤 획일화된 기관이나 사상이 사회전체를 동일한 색깔로 일치시키는 것이 불가능함을 나타냈다. 그는 다양한 삶의 기둥들을 인정하고 그것을 교회가 수용해야 한다고 역설하였다. 그러나 이런 다양성에 대한 수용이 상대주의로 전락하지는 않았다. 오히려 사회적으로 다원화된 국가 공동체에서 새로운 방식의 교회의 위치와 역할을 찾아나갔다. 이런 문제의식을 그는 '일반은총'이라는 개념을 통해서 풀어냈다.

2. 첫 단추: 국가로부터 독립된 교회

(1) 국가에 예속된 교회의 현실

카이퍼는 네덜란드 개혁교회의 목사였다. 그가 속해 있던 네덜란드 개혁교회는 처음에는 네덜란드 국가개혁교회(Nederlandse Hervormde Kerk)였다가 나중에는 네덜란드 개혁교회[Nederduits Gereformeerde Kerk (Dolerende)[2]]가 되었다. 정확하게 서술하자면 네덜란드 국가개혁교회는 카이퍼가 처음 목사로서 세움을 받은 교회였고, 네덜란드 개혁교회는 카이퍼가 주도하여 국가개혁교회에서부터 분리해 나간 교회였다. 이 분리는 1886년부터 일어났는데, 이때 교회는 스스로에게 '애통'(doleatie)이라는 이름을 붙였다. 그러면 왜 이런 분리가 일어날 수밖에 없었을까?

이를 이해하기 위해서는 시간을 80년 이상 더 거슬러 올라가야 한다. 당시 네덜란드는 상당기간 나폴네옹의 지배를 받고 있다가 해방되면서 국가를 새롭게 재건할 필요가 있었다. 네덜란드의 왕 빌럼 1세는 먼저 물리적, 심리적으로 상당한 거리감이 있었던 남쪽과 북쪽의 모든 주들을 하나의 왕국으로 통일시켰다. 뿐만 아니라 그는 교회에 대해서도 통일을 이루기를 희망했는데, 이를 위해서 "개혁교회의 치리를 위한 일반적인 정관"(전체이름은 Algemeen Reglement voor het bestuur der Nederlandsche Hervormde Kerk in het Koningrijk der Nederlanden)이라고 불리는 네덜란드 국가개혁교회의 조직에 대한 일종의 법률을 제정하였다. "네덜란드 (국가)개혁교회"(Nederlandse Hervormde Kerk)라는 이름 자체도 이 때 붙여졌다.

이 정관으로 인해 네덜란드 개혁교회는 국가로부터 자유롭지 못한 교회가 되고 말았다. 왜냐하면 총회의 회원, 의장, 서기를 국왕이 직접 임명한다는 것이 이 정관의 핵심이었기 때문이다. 그리고 국가적인 총회는 지방대회나 노회, 지역교회의 모든 일을 결정하는 최종적인 기관이 되었다. 이로써 교회의 조직들은 철저하게 위계질서적인 순서로 자리 잡았고, 그 최고의 자리를 사실상 국왕이 차지하게 되었다. 하지만 이 같이 국왕이 교회의 최종적인 권력자가 되는 국가교회적 형태는 네덜란드 개혁교회로서는 매우 낯선 것이었다.

(2) 네덜란드 개혁교회의 발자취

네덜란드 개혁교회의 형성과 발전과정은 이미 16세기부터 이루어졌다. 곧 1568년에 베이젤(Wezel)이라는 도시에서 처음으로 네덜란드 지역의 교회 지도자들이 함께 모였는데, 이 때 네덜란드 개혁교인들은 "십자가 아래에서"라고 불리는 교회로서 대부분이 피난민인 성도들이었다. 하지만 이 모임은 각 지역교회들이 정식 대표들을 파송하지 못했기 때문에 공식적인 총회가 아닌 일종의 회합의 성격을 가질 수밖에 없었다.

모임은 철저하게 비밀로 유지되었는데, 출입 때 일일이 참가자들을 확인할 정도였다. 이들이 모인 이유는 제네바에서 칼빈이 정한 교회법에 따라 네덜란드 지역교회 전체를 조직하기 위해서였다. 이들은 당시의 험난한 상황에서도 성경에 따라 지역교회를 건설하고 그 안에서 서로의 하나됨을 확인하고자 함께 모였던 것이다. 그리고 비록 총회의 권위를 가진 교회법은 아니지만 직분, 교리문답, 권징, 성례에 대해서 함께 믿는 바를 항목별로 채택하였다.

이 모임에서부터 준비된 총회는 1571년에 처음으로 엠던(Emden)이라는 도시에서 공식적으로 개최되었다. 엠던의 총회록은 53개의 항목들로 구성되었는데, 가장 처음 항목에는 모든 교회질서의 핵심적인 정신이 다음과 같이 표현되어있다. "어떤 교회도 다른 교회 위에, 어떤 말씀의 봉사자도, 어떤 장로나 집사도 다른 직분자들 위에 지배권을 행사해서는 안 된다."

이렇듯 베이절에서 열린 회합과 엠던에서 열린 첫 총회는 흩어져서 개별적으로 생존을 모색하던 지역교회들이 교회적인 언약을 형성하고 하나됨을 확인하며 광의의 회의들을 형성하는 첫 걸음이 되었다. 그러나 무엇보다 지역교회들의 독립성, 보편성, 자유를 그 중심에 두었기 때문에, 모인 광의의 회의가 위계적인 체계를 가지지 않도록 조심하였다. 더불어 네덜란드의 모든 지역교회들이 같은 신앙고백을 가지는 일을 우선시하였다.

엠던 총회 이후 네덜란드 개혁교회들은 4-5차례 더 총회로 모였다. 특히 네덜란드 개혁교회의 정착을 보여주는 총회는 1618-1619년에 도르트레흐트(Dordrecht)에서 열린 총회였는데, 이것이 알미니우스와 그 추종자들을 이단으로 결정했던 도르트 총회로 우리에게 알려졌다. 도르트 총회는 국제적인 성격을 가져 독일과 잉글랜드, 스코틀랜드 등의 개혁교회들에서도 대표들을 파송했다. 네덜란드 개혁교회는 도르트 교회법을 제정함으로써 교회 치리에 대한 이전의 모든 논의들을 종합할 수 있었다.

네덜란드 개혁교회가 형성되고 총회로 모인 일련의 과정에서 확인할 수 있는 중요한 사실은 지역교회들 간의 동등함과 직분자들 사이의 평등함이다.[3] 곧 교회조직에서나 직분자들 사이의 관계에서 어떤 방식이든 지배와 위계질서를 배제하려는 것이 네덜란드 개혁교회의 정신이었던 것이다. 물론 이런 교회의 질서와 치리는 국가에 대해서도 자유를 누렸다.

그런데 이런 과정에서 발생한 한 가지 특수한 면이 있다. 네덜란드 개혁교회들이 처음 정착하는 시기에는 아직 유럽에서 종교적인 관용을 베푸는 곳이 절대적으로 부족하였다. 각 국가들은 로마교의 직접적인 박해로부터 개혁교인들에게 피난처를 제공해주지 못했다. 그래서 네덜란드 지역으로 많은 개혁교회 성도들이 몰려들었다. 따라서 로마교를 추종했던 스페인 국왕의 지배에서 독립되는 과정에 있던 이 시기의 네덜란드 개혁교회는 어느 정도 국왕의 보호와 힘에 의존하지 않을 수 없었다.

또한 도르트 총회에서 이루어진 결정이 실제로 집행되기 위해서도 국가의 도움을 어느 정도 필요로 하였다. 그래서 도르트 총회 이후 네덜란드 개혁교회들은 국가 공직자들의 개입을 불가피하게 허용하게 되었다. 하지만 그 내용을 보면 그다지 심각한 정도는 아니었다. 가령 총회가 모일 때 공직자의 조언을 받는 것, 목사의 청빙에서 지역 공직자의 동의가 있어야 하는 것 등이었다. 그러나 비록 지역교회와 총회가 국가로부터 자율성을 잃어버릴 정도는 아니었다 하더라도 좋지 않은 방향으로 변화가 일어난 것만은 사실이었다.

결국 이런 작은 방향의 전환이 빚어낸 결과들은 의외로 심각해서 네덜란드 개혁교회들은 도르트 총회 이후 1816년까지 한 번도 전국적인 총회를 열지 못하게 되었다. 그리고 1816년의 정관은 국가개입을 더욱 강화해서 사실상 국가교회의 형태, 곧 국왕이 실질적인 교회의 우두머리가 되는 형태를 취하게 되었다.

총회를 열지 못하고 교회가 국가의 지배 아래 놓이게 되면서 발생하게 된 가장 큰 어려움은 지역교회들이 더 이상 신앙고백의 통일성을 추구할 기회를 갖지 못하게 되었다는 것이다. 총회가 열리지 못한 시기는 합리주의와 자유주의, 철학적 관념론 등의 사상적 흐름들이 왕성하게 일어나던 때였다. 따라서 교회가 가진 신앙고백의 내용을 분명히 해야 하는 필요성은 그 어느 때보다 절실한 때였다. 그럼에도 불구하고 총회를 열지 못했기 때문에 교회는 신앙고백의 정체성을 지키는데 어려움을 겪어야만 했다.

더군다나 정부 공직자들 중에서는 신앙고백의 문제에 있어서는 '융통성을 가진 자들'(rekkelijken)[4]이 많았는데, 이들이 교회에 주는 영향력이 강력했다. 공직자들의 입장에서는 교회들이 명목상이라도 조직적인 통일성을 유지하고 있는 것이 최상이었다. 조직적인 통일성만 유지된다면, 신앙고백의 통일성은 무너지더라도 별 문제가 되지 않았다. 오히려 그들에게는 교리적으로 문제가 있는 목사들이 권징을 받거나 교리적인 문제로 교회안팎에서 분열이 일어남으로써 교회의 조직적인 통일성이 무너지는 것이 훨씬 더 위험한 일이었다.

그런데 1816년에 채택된 교회정관으로 인해 네덜란드 개혁교회들은 지역교회들 간의 동등성과 직분자들 사이의 평등성이라는 도르트 총회의 정신마저 상실할 위기에 놓이게 되었다. 뿐만 아니라 교회일치의 척도인 신앙고백의 통일성에 이를 수 있는 권리와 기회까지 모두 박탈되었다. 국왕은 교회에게 신앙고백의 하나됨보다 오직 국왕이라는 사실상의 수장이 중심이 되는 철저한 위계적 통일성만을 강요하였다.

(3) 자유를 위한 교회의 첫 걸음: '분리'(Afscheiding)

그러나 이런 사실상의 국가교회 체제는 네덜란드 개

혁교회 전통에서 볼 때 매우 낯설고 이질적인 것이었기 때문에, 곧 바로 아래로부터의 저항에 직면하게 되었다. 비록 1% 정도의 교인들에 불과하긴 했지만, 이들은 국가교회 체제가 베이절에서부터 시작된 네덜란드 개혁교회의 교회질서와 배치된다는 사실을 알았다. 결국 이런 움직임은 1834년에 이루어진 '분리' 운동으로 구체화되었다. '분리'의 구심점이 된 헨드릭 더 콕(Hendrik De Cock) 목사의 개인적인 삶은 당시 네덜란드 국가개혁교회에 속한 성도나 목사가 처한 상황과 아픔, 씨름, 각성 등을 그대로 보여준다.

더 콕 목사는 1801년에 페인담(Veendam)이라는 도시에서 태어나 호로닝언(Groningen) 대학에서 신학을 공부한 후 국가개혁교회의 목사로 청빙을 받아 세 군데의 지역교회에서 봉사하였다. 그리고 1829년에는 자신의 신학교 동기인 더 흐로트(Petrus Hofstede de Groot)의 뒤를 이어 울름(Ulrum in Groningen)이라는 도시의 목사로 임명되었다.

전임자인 더 흐로트 목사는 자유주의적인 현대신학의 입장을 취하는 호로닝언 학파의 대가 중 한 사람으로서 호로닝언 대학의 교수로 임명되었다. 더 흐로트 목사는 사람이 가진 인간성의 이상적인 형태를 예수님에게서 발견하고, 예수님께서 이 땅에 오신 이유를 우리에게 참된 인간성의 이상형을 보여주시고 교육하시기 위함이라고 생각했다.[5] 이런 입장에서는 죄인됨에 대한 통회나 그리스도의 보혈로 인한 죄 씻음과 구속에 대한 부분이 설 자리가 없었다. 그런데 그의 후임으로 울름의 목사가 된 더 콕 목사도 이와 다르지 않은 신학을 가지고 있었다.

그러나 울름의 성도들 중 일부는 더 흐로트 목사의 설교와 그의 신학에 염증을 느끼고 있었다. 그들은 삶에서 경건주의적 색채 및 개혁주의 신앙고백과 유산을 간직하고 있었다. 그러던 어느 날 더 콕 목사는 자신의 여성 교인 중 한 사람이었던 까이뻥아(Klass Kuipenga)에게 다음과 같은 말을 듣고 자신의 신학에 큰 충격을 느끼게 되었다. "만약 내가 나의 구원에 어떤 작은 호흡이라도 더해야만 한다면, 나는 영원히 멸망받았을 것입니다."

이 말은 인간성의 우월함을 예수님을 통해서 확인하려던 자유주의 신학자인 더 콕 목사에게 매우 충격적인 것이었다. 왜냐하면 그가 그렇게 강조하던 이상적인 인간성이라는 것이 결국 구원을 위해서는 어떤 역할도 할 수 없는 절망적인 것이었음을 그 성도의 짧은 한 마디가 잘 보여주었기 때문이다. 이 일을 계기로 더 콕 목사는 급격하게 칼빈주의자가 되었다. 그는 울름에서 성도들에게 전해 받은 칼빈의 『기독교 강요』를 처음 읽고 도르트 신경과 도르트 총회의 교회법을 알게 되었다. 이후 더 콕 목사는 교회의 정체성을 신앙고백의 확실성에서 찾으려고 노력하게 되었다.

이런 노력의 한 단면을 보여주는 사건이 하나 있는데, 그것은 더 콕 목사가 자신이 목회하던 교회가 아닌 다른 지역에 속한 가정의 아이에게 유아세례를 주게 된 것이었다. 지금 우리 생각에는 이 사건이 왜 큰 문제가 되었는지 언뜻 이해하기가 쉽지 않지만, 당시 이 사건은 더 콕 목사에게 그의 목사 생명을 걸어야 할 만큼 위험한 일이 되고 말았다.

당시 네덜란드 국가개혁교회에서 아이가 유아세례를 받을 때, 아이의 부모는 "교회에서 가르치는 모든 교리가 하나님의 말씀에 일치하는 것을 믿느냐? 그리고 교회의 가르침대로 나의 자녀 또한 가르치겠는가?"라는 질문을 받게 된다. 그런데 더 콕 목사가 목회하던 울름이 아닌 다른 지역교회의 한 성도가 고민을 안고 그를 찾아왔다. 그 성도는 자신이 속한 지역교회의 목사는 자유주의 신학에 기초하여 설교하고 있는데, 그의 자녀에게 유아세례를 받게 할 때, 부모가 해야 하는 유아세례 서약에 도저히 "네"라고 대답할 수가 없겠다는 것이었다. 왜냐하면 그 성도는 자신이 속한 지역교회의 목사의 설교가 하나님의 말씀과 교리에 일치한다고 받아들일 수 없었기 때문이다. 그래서 그 성도는 더 콕 목사가 목회하는 울름교회에서 유아세례를 받게 하겠다고 요청하였다. 그리고 울름교회 당회는 그 성도의 요청을 받아들여 유아세례를 시행하였다.

더 콕 목사는 이 일을 통해서 개혁주의 교리와 신앙 표준을 더욱 분명히 하는 계기를 삼고자 했다. 그러나 더 콕 목사를 합당치 않게 보는 자들은 오히려 이 기회를 통해 더 이상 교리와 신학의 문제가 국가교회 안에서 분열을 일으키지 못하도록 본보기로 삼고자 했다. 그래서 더 콕 목사에게 어떤 변호의 기회도 없이 출교의 경고가 주어졌다. 총회 역시 더 콕 목사에게 6개월의 시간을 주면서 돌이키도록 회유와 협박을 가했다. 결국 더 콕 목사는 국왕에게 호소할 길도 막힌 채, 1834년 5월에 지방총회 치리위원회로부터 목사직에서 제명되었다.

이에 더 콕 목사와 입장을 같이 하는 항의자들과 지역교회들은, 비록 소수이긴 하지만, '분리'라고 하는 공동의 연합을 결성해 1836년에 첫 총회를 가졌다. 이들은 도르트 총회에서 결정된 개혁교회 3대 신앙고백인 하이델베르크 요리문답, 네덜란드 신앙고백, 도르트 신조를 함께 고백한다는 사실을 확인하고 신앙고백적인 교회를 추구할 것을 명확히 했다.

이 같이 1834년에 있었던 '분리' 운동은 두 가지 문제를 동시에 다루고 있다. 첫째는 신앙고백이 교회의 하나됨을 말할 수 있는 유일한 근거가 되어야 한다는 것이다. 국가개혁교회는 조직적, 명목적 일치를 교회의 일치로 간주하고, 국왕이 사실상의 수장인 조직에 소속된 교회여야만 참된 교회라고 여겼다. 그러나 교회의 하나됨은 신앙고백의 정체성에 있다는 것을 '분리' 운동은 분명히 했다. 둘째는 국가의 통치로부터 교회는 자유해야 한다는 것이다. 즉 신앙고백의 정체성을 가진 지역교회는 온전한 자유를 누려야 하고, 국가는 이것을 강제할 수 없다는 것이다. 이처럼 '분리' 운동은 최초로 국왕이 실질적으로 치리하는 국가교회 체제로부터 이탈하여 지역교회의 온전한 독립성과 자유를 지켜내려는 역사적인 사건이었다.

(4) 국가와 '나란히'

카이퍼의 사상과 투쟁은 네덜란드 개혁교회가 지닌 이런 역사적 흐름과 떼어놓고 이해할 수 없다. 카이퍼가 네덜란드 국가개혁교회의 목사로서 씨름했던 첫 대상 역시 기독교 국가로부터 가지는 교회의 자유라는 문제였기 때문이다. 당시 유럽 교회들에는 여전히 국가를 비롯해 다양한 삶의 영역에 교회가 지배권을 행사해야 한다는 생각들이 남아있었다. 이런 생각의 이면에는 로마교가 천년동안 유럽 사회 전반을 지배해왔던 모델이 자리잡고 있었다. 교황 우르반 2세(재위 1088-1099년)는 십자군 원정을 독려하면서 "신이 그것을 원한다."는 구호를 외쳤다. 이런 교황의 구호 아래 독일 황제 및 프랑스와 영국의 왕까지 참여할 수밖에 없었던 사건은 교황이 세속 군주들에 대해서 최고의 권위를 가진다는 증거를 보여주었다.

하지만 이런 모델은 이미 종교개혁시대 이전부터 많은 도전을 받았다. 그러던 차에 종교개혁은 교황으로 대표되는 교회의 권세가 더 이상 세속군주 위에 있지 않다는 사실을 확산시키는 계기가 되었다. 잉글랜드의 왕은 스스로가 교회의 머리라고 선언하는 수장령을 내렸고, 독일에서는 종교개혁을 지지하는 제후들을 중심으로 교황의 칙령에 반대하고 개신교 성도들과 교회들을 보호하였다.

그런데 종교개혁은 각 국가 단위에서 국가 권력과 교회 사이에 또 다른 긴장을 야기시켰다. 루터는 종교개혁

당시 권력자인 제후들에 대한 그리스도인들의 복종의 문제를 고민하게 되었다. 왜냐하면 그는 국가와 정부조직 자체를 부정하는 재세례파나 토마스 뮌처의 알슈테트시에서의 급격한 개혁들에 직면했기 때문이다.

이에 루터는 1523년에 "세속 당국에 어디까지 복종해야 하는가에 대하여"라는 글을 남겼다. 그는 여기서 "하나님께서는 제후들이 자율적인 권력을 행사하도록 하셨고(교황과의 관계에서), 제후들은 신민들에게 마음대로 명령할 수 있게 하셨으며, 신민들은 당연히 제후들을 따르도록 하셨다."는 고전적인 명제를 던졌다. 즉 그는 로마교의 모델에는 철저하게 반대하지만, 재세례파 운동에 대해서도 찬동하지 않았던 것이다. 그 결과 루터는 교회가 가진 권징과 치리권을 세속정부에 주어야 한다는 입장에 이르게 되었다. 이런 루터의 입장은 종교개혁 이후 급격히 '국가' 교회로의 이전을 촉진시켰다. 그래서 국왕이나 세속군주가 교회의 치리와 성직자의 임명, 교회의 교리적인 문제에 대해 적극적으로 개입하는 것이 종교개혁을 경험한 국가들에서 나타나기 시작했다. 교황의 권세를 국왕이 대체해 버린 것이다.

카이퍼는 종교개혁 이후에 면면이 이어져온 '국가' 교회적인 교회-국가 관계에 대해서 가장 강력한 반대의 목소리를 낸 사람이었다. 물론 '분리'(Afscheiding) 운동이 카이퍼에 앞서 국가로부터 교회의 자유를 위한 '첫' 발걸음을 떼었다. 이는 개혁교회의 교회론에 근거해서 신앙고백적인 정체성을 지키기 위한 것이었다. 그러나 '분리' 운동은 전체 국가개혁교회 체제 자체를 흔들 정도는 아니었다. 그런 차에 카이퍼가 등장해 '분리' 운동이 시작한 일을 좀 더 강력하고 광범위하게 확장시켜갔다.

카이퍼의 입장은 교회가 국가를 어떤 방식으로든지 지배하고 영향을 미치려는 중세의 모델을 완전히 포기하는 것이었다. 교회는 더 이상 국가, 사회, 학문, 문화와 관련해 직접적인 통제와 지배권을 주장하지 말아야 했다. 국가와 세속적인 영역 '위에' 존재하는 교회의 권세는 현실적으로 더 이상 유지될 수 없었다. 이와 더불어 종교개혁 이후 나타난 국가교회 모델에서와 같이 교회의 자유가 국가의 통제 아래 놓이는 것 또한 강력히 거부하였다.

카이퍼는 서구 교회 역사에서 처음으로 국가나 교회가 서로 다른 영역 위에 존재해 다른 영역을 지배하는 것이 아니라 함께 '나란히' 있어야 함을 이론적, 실천적으로 정립하였다. 뿐만 아니라 그는 이런 생각의 범위를 더 넓혀서 비단 국가와 교회의 관계에서만이 아니라 교회가 몸담고 있는 모든 영역에서도 똑같이 적용되어야 한다고 보았다. 즉 국가, 교회, 문화, 학문, 교육, 언론 등의 다양한 영역이 각각의 독립성과 자율성을 가져야 한다고 본 것이다. 이 같이 절대로 어느 한 영역이 다른 한 영역 '위에' 놓일 수 없다는 개념을 서구 교회와 사회에 정착시키는 데 지대한 공헌을 한 사람이 카이퍼였다. 그리고 그가 이런 주장을 이론화한 것이 바로 '영역주권'이다.

3. 다원성의 바다로

(1) 반 혁명(Anti-Revolution) 정신

카이퍼의 '영역주권'은 국가로부터 교회가 가지는 자율성과 독립성의 문제에서부터 출발했다. 그런데 이를 더욱 심화시킨 계기가 된 것이 프랑스 혁명과 그 결과 서유럽 사회 전반에서 나타난 '자유주의'의 도전이었다. 즉 교회의 독립성에 대한 국가의 침해와 자유주의 사상의 도전이 함께 결합되어 나타난 것이다. 그래서 카이퍼에게는 국가로부터 교회의 자유를 얻는 것과 프랑스 혁명 정신과 투쟁하는 것, 이 두 문제가 사실상 하나로 묶여 있었다.

1858년에 카이퍼가 레이던(Leiden) 대학에 입학했을 때는 자유주의 신학이 상승기에 있었다. 당시 레이던 대학 신학부에는 스홀턴(J. H. Scholten)이라는 탁월한 신학자가 있었는데, 그의 영향력이 상당하였다. 카이퍼는 그의 학위 논문에서 개혁주의자였던 칼빈과 폴란드 출신의 종교개혁자 요하네스 아 라스코(Johannes a Lasco)를 비교 연구하였다. 아 라스코라는 종교개혁자를 연구한 것은 카이퍼가 거의 최초였다. 그는 그 동안 묻혀 있던 아 라스코에 대한 자료들을 수집하고 정리하는데 크게 공헌하였다. 하지만 카이퍼가 비록 이 두 종교개혁자를 비교하는 학위논문을 쓰긴 했지만, 이는 종교개혁이 전해준 신앙고백과는 무관한 것이었다.[6]

한편 스홀턴은 자신의 신학에 칼빈주의라는 용어뿐만 아니라 고백주의와 개혁주의 신학이라는 옷까지 입혔다. 그의 동료인 꾸넌(Kuenen)과 함께 스홀턴은 당시 유럽에서 자유주의 신학의 중요한 한 흐름을 형성하였다. 당시 꾸넌은 성경비평학과 윤리를 연결시키는 작업을 탁월하게 수행한 것으로 명성을 날렸다. 비록 꾸넌과 같이 노골적으로 자유주의 신학을 표명하기보다 개혁주의 전통의 용어와 내용을 차용하긴 했지만, 스홀턴은 그것을 학문적 일원론이라는 이름 아래 이성적인 것으로 재해석하는 천재성을 보여주었다. 예를 들어 성령의 조명을 초

자연적인 것으로 생각하는 것은 오류이고, 그리스도인의 지성에 의해서 정화된 이성과 양심의 조명이라고 설명하였다.

당시 네덜란드 국가개혁교회의 목사를 배출하는 교육기관은 세 개의 국립대학의 신학부였다. 그런데 신학부 안에서 활동하고 영향을 미쳤던 교수들이 자유주의적인 신학을 전수했기 때문에 목사들의 관점도 교수들의 신학적 영향아래 놓여졌다. 이런 피해는 고스란히 교회 안으로 흘러들어왔다. 즉 이성과 학문이라는 이름아래 이루어지는 자유주의 신학이 교회로 들어오는 것을 막을 수 없었다. 개혁주의 신학을 고수하고 개혁교회를 섬길 목사들을 배출하는 교육기관이 프랑스 혁명이 가져온 자유주의 사상에 의해서 완전히 장악되었던 것이다.

하지만 대학과 신학의 영역에서 자유주의 사상이 미치는 영향력은 사회전체에 밀려드는 거대한 자유주의 물결의 한 부분에 불과했다. 네덜란드 사회에서 개혁주의 교회는 모든 영역에서 주류를 차지한 것은 아니었다. 오히려 역설적으로 종교의 자유라는 우산 아래 계몽주의의 선구자들이 네덜란드에 살면서 활동해왔다. 가령 르네 데카르트(1596-1650)나 베네딕투스 스피노자(1632-1677) 같은 계몽주의 주창자들의 주 활동지가 네덜란드였다. 이렇듯 초기 계몽주의는 네덜란드에서 그 첫걸음을 내딛었고, 그 절정을 프랑스에서 열매맺었던 것이다.

프랑스 계몽주의자 중 한 사람인 볼테르(본명은 Marie Arouet, 1694-1778)는 교회를 하나의 전통으로 보고 왕권과 함께 허물어져야 하는 중요한 기둥으로 조소하기도 했다. 당시 프랑스 혁명의 근본정신은 "하나님도 주인도 없다."라는 절규 속에 명확하게 나타났다. 그리고 이 같은 혁명의 정신, 원리, 방법이 삶의 모든 부분에 적용되어야 한다는 자유주의의 영향력은 점점 절대적인 것이 되어가고 있었다. 네덜란드에서도 프랑스 혁명의 정신을 잇는 자유당이 집권당의 지위를 누리면서 교육과 노동 등의 모든 영역에서 자유주의 정신과 원리를 실현시키고자 하였다.

이렇듯 교회와 기독교는 사회에 대한 지배권을 점점 더 상실하고 있었다. 대학과 교육, 다양한 사회의 영역에서 기독교가 누리던 모든 것들은 이제 하나님을 부인하는 자유주의의 깃발아래 놓이게 되었다. 그런데도 정작 교회는 국가와 사회, 문화의 다양한 영역들이 계몽주의적 자유주의의 지배아래 있다고 날카롭게 판단하지 못했다. 왜냐하면 국가교회로서 교회의 외형, 대학에 대한 형식적인 지배력, 사회전반에 남아있는 기독교적인 영향에

취해서 여전히 기독교는 건재하다고 스스로 만족하였기 때문이다. 외부에서 도전해오는 자유주의에 대해 응답해야 했지만, 이미 기독교 내부의 문화, 교육, 학문과 신앙이 심각하게 자유주의화되어 있어서 그럴 수가 없었다. 이런 점에서 당시 서구사회는 기독교사회가 아닌 일종의 후기 기독교사회에 접어든 셈이었다. 그러나 정작 교회는 이런 중대한 변화에 둔감하였다.

(2) 교회의 새로운 자리매김

이런 상황에서 카이퍼가 스스로 신칼빈주의(neo-calvinism)라는 이름을 사용하며 등장했다. 이는 칼빈주의 전통에 자신의 신학을 위치시키려는 그의 일관된 입장을 엿볼 수 있는 대목이다.[7] 그러나 이 용어는 기독교 전체를 가리키는 것일 뿐 아니라 기독교 내부에서 자유주의와 구별되는 개혁주의 신앙과 신학을 표현하는 것이었다.

당시 네덜란드 그리스도인들의 눈에는 여전히 국가개혁교회와 기독교가 네덜란드 사회 안에서 주도적이고 지배적인 세력인 것으로 보였다. 그러나 그의 뛰어난 공헌은 이런 현상에 눈이 가려지지 않고 이미 다원화된 네덜란드 사회 내의 한 영역으로 기독교와 교회를 자리매김했다는 것이다. 그는 칼빈주의라는 용어를 통해서 교회가 계몽주의적 자유주의와 구별되는 독자적인 영역을 구축해야 한다고 주장하였다. 당시 기독교라는 외형에 만족하고 있었던 대부분의 기독교 국가들에서 카이퍼만큼은 날카로운 선지자적인 눈을 가지고 있었던 셈이다.

하지만 카이퍼가 이런 통찰을 갑작스럽게 깨달은 것은 아니다. 그가 이런 통찰력을 얻은 것은 그의 선배이자 그에게 큰 영향을 미친 흐룬 판 프린스터러(Groen van Prinsterer, 1801-1876)를 통해서이다. 판 프린스터러는 프랑스 혁명에서 시작된 근대정신, 곧 모든 개인을 억압하는 국가, 교회, 종교의 권위에 저항하고 개인의 자유를 절대화하는 '무신론적 다원주의'(atheistic pluralism)를 꿰뚫어보았다. 그래서 그는 카이퍼와 함께 당시의 시대가 개혁주의 전통 속에서도 후기-기독교 문화라고 불릴 수 있는 새로운 국면에 접어들었음을 직감했던 것이다. 곧 기독교에 바탕한 전통적인 가치관들이 모두 해체되고, 다원화된 개인과 사회의 각 영역의 목소리가 기독교 신앙과 교회를 압도해 가는 상황을 처음으로 직시하였다. 카이퍼는 이런 도전을 이론적으로 정리하고 꿰뚫어볼 수 있었던 최초의 개혁신학자라고 할 수 있다.

4. 영역주권

영역주권은 다원화된 현실 속에서 교회의 자리를 새롭게 정립하려는 카이퍼의 생각을 압축적으로 표현한 개념이었다. 그는 이 개념을 통해서 국가의 간섭과 함께 밀려오는 자유주의 사상을 교회가 어떻게 수용하고 대처해야 하는지를 설명했다.

(1) '고등교육법' 투쟁

영역주권을 주장한 카이퍼의 생각을 좀 더 구체적인 상황에서 이해하기 위해서는 그가 학문과 대학의 영역에서 전개했던 발자취를 따라갈 필요가 있다. 카이퍼는 네덜란드 최초의 사립대학인 자유대학의 설립자이다. 이 일의 직접적인 배경에는 1876년에 제정된 고등교육에 관련된 교육법이 있다. 이 법의 기본적인 토대는 국립대학 안에 있는 신학부를 두 영역으로 분리하는 것이었다. 소위 '이중 질서'(duplex ordo)를 정당화하는 것이었다. 먼저 첫 번째 영역은 국가가 운영했는데, 여기에서 신학은 엄밀한 의미의 학문이 되어야 했다. 이 때 '학문'은 신앙과 분리되어야 하는 것을 전제한다. 즉 대학은 신앙을 다루어서는 안 되고 이성에 바탕을 둔 학문적 활동만을 해야 했다. 신학을 포함해 모든 학문은 학문적 중립성이라는 바탕위에서 이루어져야만 했다. 학문에서 신앙적 요소들은 이성적으로 증명되거나 이해될 수 없기 때문에 모두 배제되어야 했다.

두 번째 영역은 교회가 담당했다. 신앙고백에 바탕을 둔 신학은 원칙적으로 더 이상 국립대학에서 가르칠 수 없었다. 그러나 그 동안 전통적으로 지속되어 온 교회와의 관계와 교회에서 일할 목회자를 양성해야 하는 필요가 남아 있었기 때문에 국립대학 신학부의 일부는 교회의 권한 아래 두도록 허용되었던 것이다. 즉 조직신학의 일부나 실천신학 등 교회현장을 실용적으로 돕기 위한 학문들은 교회의 신앙고백을 바탕으로 가르칠 수 있었다. 다시 말해 고등교육법의 바탕이 된 이 같은 이중 질서에 따르면, 성경주해(성경학)나 조직신학, 철학과 교회사, 윤리학 등 신학에서 중요한 대부분의 과목들은 모두 학문적인 중립성 위에서 가르쳐야 하고 조직신학 일부와 실천신학만이 교회의 신앙고백과 관련될 수 있다는 것이었다.[8] 하지만 카이퍼는 이런 이중 질서에 의해서 재편된 학문의 이해를 수용할 수 없었다. 그래서 그는 신학뿐 아니라 모든 학문이 하나의 단일한 질서(simplex ordo) 아래 구성되는 네덜란드 최초의 사립대학을 구상하였고,

그 열매가 바로 자유대학이었다.

(2) 자유대학 개교연설

'영역주권'이라는 용어는 카이퍼가 1880년 자유대학을 처음 설립하면서 했던 개교연설의 제목에서 유래한다. 그것을 직역하자면, '각각 고유한 삶의 영역들안에 있는 주권'이다. 다원화된 당시의 상황에서 카이퍼가 주장한 핵심적인 어젠다 중 첫 번째가 이 개념에 담겨 있다.

그는 개교 연설에서 교육에 대한 조직과 설립은 국가에게 맡겨진 임무라고 보는 의견에 반대했다. 왜냐하면 국가에 의해 제정된 고등교육법은 대학에서 다루어지는 학문, 그 중에서도 신학을 이중 질서에 근거해 배치하고 있기 때문이다. 따라서 카이퍼는 대학에서 이루어지는 고등교육은 반드시 국가로부터 자유하고 독립되어야 한다고 주장했다. 그는 학문은 신앙과 이성이라는 두 질서로 이루어질 수 없다고 생각했다. 오히려 학문을 구성하는 '주권'은 하나님 안에만 있다. 나아가 이 주권은 오직 죄 없으신 메시아에게만 있다.

> 사람들은 나사렛 사람, 우리의 거룩한 영감의 고취자, 영감을 고취시키는 이상, 완벽한 경건의 천재를

외쳤습니다. 그러나 이런 칭송은 그 나사렛 사람 자신의 주장과 모순되는 것으로서 우리는 거부하였습니다. 그가 다름 아닌 메시아, 기름부음 받은 자, 그러므로 모든 왕들 가운데 주권자이며 '하늘과 땅의 모든 권세'를 가졌다는 사실은 그의 조용한 선언이나, 유리처럼 투명한 신인적 의식의 선언이었습니다.[9]

문제는 인류의 역사에서 이 주권이 자신에게 있다고 주장하는 국가와 통치자들이 늘 존재해왔다는 사실이다. 그들은 자신들만이 그리스도가 가지신 주권을 소유하고 있다고 주장했다. 따라서 카이퍼가 말한 '영역주권'이라는 개념은 일차적으로 이런 국가의 주권 독점에 대항해서 자신을 방어하는 논리였다고 할 수 있다. 곧 국가만이 독점하는 주권의 영역이 아니라 개인이, 가정이, 학문이, 사회가, 그리고 교회가 소유하는 주권의 영역들이 있다는 것이다. 이 영역들은 그들 각각에게 주어진 삶의 법칙에 복종하고 고유한 통치권 아래에 존재해야 한다.

그런데 카이퍼의 씨름은 여기서 한 걸음 더 나아간다. 그것은 이 주권의 문제에서 신앙을 분리할 수 없다는 것이다. 다시 말해 모든 삶의 고유한 영역들은 교회나 신앙고백으로부터 완전히 분리될 수 없다는 것이다. 이로써 카이퍼는 신앙고백의 문제는 단지 어떤 교리적인 체계의 문제가 아니라 삶의 확신 또는 삶의 방식의 문제라고 규정하게 된다. 이렇듯 카이퍼에게 칼빈주의는 단지 여러 신앙고백 가운데 하나가 아니라 삶의 체계 그 자체였다.[10] 그래서 그는 자유대학의 설립을 통해 고유한 삶의 영역들이 '주권'과 분리되지 않아야 함을 구체화한 것이다.

한편 카이퍼는 학문의 고유한 영역을 옹호한다. 곧 학문에서는 진리 자체가 주권자로서 자신의 삶의 영역을 형성함은 물론, 그 삶의 법칙이 침해되어서는 안 된다는 것이다.

> 반드시 지켜야 하는 사실은 그리스도의 교회가 결코 자신의 우위성을 학문에 부여해서는 안 됩니다. (중략) 교회 그 자체는 (학문과의 관계에서) 허용된 영역주권을 주장하는 한편, 하나님의 은혜로 살아야 함을 외쳐야 합니다. 왜냐하면 학문은 자신의 영역을 넘어서고 교만에 빠지게 되는 사탄의 위험에 노출되어 있기 때문입니다.[11]

교회는 학문에 지배권을 행사하지 않는다. 학문은 고

유의 삶의 영역을 가지기 때문이다. 마찬가지로 국가 역시 학문에 대해서 지배권을 행사할 수 없다. 하지만 반대로 교회나 국가 역시 학문의 시녀가 되어서는 안 된다. 그런데 당시 국립대학 신학부에서 관철된 이중질서는 철저하게 이성주의 시대의 목소리를 대변하는 학문의 중립성과 그에 따른 과학성에 기초해 있었다. 따라서 이런 학문성에 교회가 굴복할 것이 아니라 오히려 학문을 올바른 울타리 안으로 돌려놓아야 했다. 이것이 자유대학이 가진 정신이었다. 즉 영역주권에 따라 국가나 교회로부터 학문의 자율성과 독립성이 보장되어야 했지만, 학문이 이성 아래서만 진행되지 않고 특별계시 또는 신앙고백 아래서도 진행될 수 있도록 새로운 관계성을 모색해야 했다. 이것이 자유대학이 수행하고자 했던 학문의 방법론이었다.

(3) '영역주권' 개념의 공헌

1869년에 행한 "획일성: 현대적 삶의 저주"라는 연설에서, 카이퍼는 영적 상태와 예배, 교회의 정치구조에 이르기까지 당시 그가 몸담고 있었던 네덜란드 국가개혁교회가 획일성에 의해서 지배당하고 있다고 진단했다.[12] 단지 개혁교회뿐 아니라 네덜란드 전체가 이런 획일성의 위협 아래 놓여 있다는 것이었다. 첫 번째 획일성의 위협은 국가권력의 칼에서 나오는 것이었다. 그러나 1789년(프랑스 혁명)부터 또 다른 형태의 획일성이 역사에 등장했다. 그것은 한 국가의 모든 다양한 사회적인 기둥들을 무기력하게 만드는 획일성이었다. 카이퍼는 이 두 가지를 자신이 저주라고 규정한 획일성의 가장 중요한 실체로 보았다.

한 국가에 하나의 국가정부와 관련된 하나의 교회만 존재해서는 안 된다. 카이퍼는 각각의 다른 신앙고백을 고백하는, 그럼으로써 국가로부터 자유롭고 독립적인 교회들이 존재할 수 있다고 주장했다. 국가의 영역에서도 삶에 대한 각각 다른 형태의 확신(levensovertuiging)이 자유롭게 발전하고 꽃 피워야 한다. 카이퍼는 국가적, 사회적 영역에 대해 교회의 영향력을 주장하기에 앞서 각각의 고유한 영역을 먼저 존중할 것을 주창하였다. 그것이 국가든 교회든, 자유주의 이념이든 어떤 하나의 단일한 영역이나 확신이 다른 영역들에 대해 지배권을 행사하는 획일성이 가장 심각한 도전이라고 규정한 것이다.

이렇듯 획일성을 반대하고 다원성을 강조한 카이퍼에 대해 우리는 편견을 내려놓아야 한다. 그는 '영역주권'을 통해서 모든 삶의 영역을 나란히 그리고 평등하게 배치하는 것을 우선시했다. 19세기 유럽사회의 정황에 비추어 카이퍼가 '영역주권'을 말한 것은 획기적인 일이라고 할 수 있다. 왜냐하면 당시 시대는 한편으로는 모든 영역에서 기독교(또는 교회)의 지배력이 여전하던 시대였지만, 또 다른 한편으로는 국가의 지배권이 교회 안에서 자연스럽게 받아들여지던 시대였기 때문이다. 그런 시대에서 카이퍼는 모든 영역들이 각각 다른 영역에 지배권을 행사하지 않아야 한다고 믿었다.

이렇듯 '영역주권'이라는 개념은 카이퍼가 국가로부터 '자유한 교회'(vrije kerk)를 지지하는 중요한 논거였다. 즉 정부, 가정, 교회, 학문, 예술 등이 모두 독자적인 영역을 가지며, 하나님의 능력으로부터 직접적으로 흘러나와 발전한다는 것이었다. 다시 말해 각 영역들은 창조로부터 유래하고 창조에서 이미 주어진 것이었다. 식물에서 가지들이 발전하듯이 하나님의 창조에서부터 각 영역들은 확장, 발전되어 나온 것이다. 심지어 각 개인도 하나님의 피조물로서 고유한 주권과 국가권력이 훼손할 수 없는 자유를 가진다.[13] 따라서 국가나 정부가 가지는 주권은 하나님이 직접 수여하신 다른 영역의 주권 '위에' 놓이는 것이 아니라 그것들과 '나란히' 또는 '동등하게' 위치하게 되었다.

2장 **아브라함 카이퍼**

각각의 고유한 삶의 영역들과 개인이 가지는 독자성과 주권이 하나님과 창조로부터 직접 유기적으로 발전되어 나온다는 영역주권의 개념은 사회적인 측면에서 다원성에 대한 카이퍼의 옹호로 연결된다. 물론 이것은 일차적으로 교회가 국가에 대해서 가지는 독자성에서부터 출발했다. 하지만 그는 이것을 더 확장시켜서 각 삶의 고유한 영역들 또한 자율성을 가진다는 것으로 발전시켰다. 이런 근거에서 그는 1880년에 자유대학을 설립했을 뿐 아니라 1886년 '애통'(toleantie)을 통해서 국가교회적인 성격 아래 거의 분열하지 않고 있었던 네덜란드 국가 개혁교회로부터 독립하였다.

(4) 영역주권은 상대주의를 지지하는가?

그렇다면 우리는 이런 질문을 할 수 있다. 즉 "카이퍼가 수용한 다원성은 상대주의를 말하는가?" "모든 영역주권들과 나란히 서 있는 하나의 동등한 주권 영역인 교회는 어떻게 다른 영역들 속에서 존재해야 하는가?" 이런 질문들에 대답하기 위해서는 카이퍼 사상의 두 번째 단계를 살펴볼 필요가 있다. 곧 영역주권을 통해서 표현된 다원성의 인정이 카이퍼의 출발점이었다면, 이제 우리는 카이퍼가 말한 또 다른 중요한 사상인 '일반은총'과

'유기체적인 교회'를 보아야 한다. 이 두 가지 개념은 '영역주권'이라는 카이퍼의 독특한 아이디어가 단지 상대주의가 아니라는 점을 확인시켜주기 때문이다. 영역주권에 따르면, 모든 영역들은 자신만의 고유한 원리를 가진다. 그러나 모든 영역들은 일관된 하나의 질서 아래 놓이게 되는데, 이 하나의 질서는 하나님의 동일한 은혜, 곧 '일반은총'에서부터 주어지는 것이다. 한편 특별은총 아래서 은혜의 방편들을 가지는 제도적인 교회가 있다면, 이 제도적인 교회에 속한 신자들이 건설하는 기독교적 가정, 언론, 학교, 각종 연맹 등을 포괄하는 '유기체적인 교회'가 있다. 이 유기체적인 교회가 모든 영역들 속으로 확장되어가고, 이를 통해서 모든 영역들은 비로소 제대로 된 길을 가게 되는 것이다.[14]

5. "세상의 한 치도 그리스도의 주권 아래"

카이퍼는 각각의 주권 영역들이 가지는 다원성과 신앙고백적 자유를 가진 교회들의 다양성을 주장했다. 하지만 '일반은총'이라는 개념을 통해 카이퍼는 그가 말하는 다원성이 막연한 상대주의로 귀결되는 것을 막았다.

그는 칼빈이 사용한 '일반은총'의 개념을 계승하면서도 자신만의 독특한 내용을 담아 전개했다.

카이퍼는 당시 세계의 역사적 상황을 불길한 조짐들이 일어나고 모든 나라들에서 궁핍함과 침울함, 화석화를 불평하는 목소리가 가득했다고 조망한다.[15] 그러나 이런 암울한 시대에서도 그는 인류에게 희망이 있으며 동시에 문명의 발전이 진행되고 있음을 확신했다. 그렇다면 이런 희망은 어디에서부터 오는 것일까? 당시 모더니즘은 프랑스 혁명에서 시작된 인간의 자율성과 이성에서 이런 희망이 온다고 주장했다. 그러나 카이퍼는 오직 하나님의 주권에 따른 '은혜'에서 이런 희망이 온다고 믿었고, 이를 '일반은혜' 혹은 '일반은총'이라고 불렀다. 그는 '일반은총'이라는 제목의 방대한 저서를 남겼는데, 그 시작에서 일반은총의 뿌리를 노아의 언약에서 찾았다.

(1) 홍수

카이퍼는 하나님이 더 이상 홍수로 모든 생물을 멸하시지 않을 것을 약속하신 것에서 노아 언약의 핵심을 찾았다. 물론 크고 작은 홍수가 있었지만 그것은 땅을 멸할 만큼의 홍수는 아니었다. 그는 이사야 54장 9절을 통해서 이사야 시대와 예수님의 재림 때까지 이 언약이 유효하다고 보았다. 비록 부족함과 타락이 부분적으로 묻어 있다 할지라도 세상과 문화는 노아 언약에 근거해서 예수님의 재림 때까지 보존된다는 것이었다. 이런 점에서 노아 언약은 일반은총의 좋은 모델이었다.

(2) 일반은총: 용어의 기원

카이퍼는 이 용어의 기원을 칼빈이 사용한 '모든 인류에게 공통적인 언약'(Foedus omnibus populis commune)에 있다고 보았다. 개혁주의 언약신학자인 파뤼스(Pareus), 퍼킨스(Perkins), 마스트리흐트(Maestricht) 등은 노아 언약을 은혜 언약이라고 했지만, 카이퍼가 보기에는 칼빈이 사용한 의미와 이들이 말한 것 사이에는 차이가 있었다. 카이퍼가 볼 때, 칼빈은 이 언약을 특별 언약이라고 보지 않고, 모든 민족들에게 함께 적용되며(gemeen) 세상 끝날까지 영원히 적용되는 언약이라고 보았다. 카이퍼는 칼빈이 노아 언약을 구원의 은혜를 주시는 것으로 생각하지 않고, 모든 인류와 민족에게 그리스도가 오실 때까지 주어지는 하나님의 일반적인 자비라고 생각했다고 강조했다.[16]

(3) 노아 언약의 범위

카이퍼는 노아 언약을 주실 때, '너희'라는 복수를 쓴 점에 주목했다. 이는 노아 언약의 대상이 단지 노아-셈 족속만을 위한 것이 아니라 함과 야벳도 포함되는 것을 말한다. 즉 노아 언약은 믿는 자들만을 위한 것이 아니라 믿지 않는 자들까지 포함한다는 것이다. 나아가 이 언약은 인간 존재의 삶과 관련되는 모든 부분에 대한 것이다. 카이퍼는 여기서 단지 인류만이 아니라 '모든 생물', '땅'이라는 단어에 주목함으로써, 이는 인류와 모든 피조물 전체의 삶을 포괄하는 언약임을 강조했다. 그렇기 때문에 이 언약은 특정적인(particuliere) 언약이 아니라 일반적인(algemeen) 성격을 가지는 언약이라는 것이었다.[17]

노아 언약은 분명히 영적인 부분을 포함한다. 왜냐하면 그 속에는 구원계시가 포함되어 있기 때문이다. 그러나 동물은 구원의 대상이 아님에도 불구하고 이 언약에 포함되어 있음을 볼 때, 자연적인 삶의 영역 안에 있는 것들도 노아 언약에 포함됨을 알 수 있다. 구원과 죄의 측면에서 보면 노아 언약 이후로 큰 변화가 없어 보이지만, 노아 언약에는 분명한 축복이 담겨 있다. 카이퍼는 창세기 1장 28절에 따라 에덴동산(paradijs)에서의 삶을 축복으로 규정하면서 노아 언약 역시 그 핵심은 하나님이 주시는 질서유지를 통해서 나타나는 축복이라고 보았다.

카이퍼는 이 대목에서 아주 흥미로운 예를 들었다. 곧 유대전통에 따라 아담 언약과 비교하면서 '피 채 먹지 말라'는 명령이 노아 언약에도 포함되었음에 주목한 것이었다. 카이퍼는 피 채 먹는 것을 금하시는 하나님의 의도는 그 영혼과 함께 먹지 말라는 앞선 명령에 담겨 있다고 보았다(창 9:4). 그렇다면 채식만을 해야 하는가? 아니다. 오히려 카이퍼는 이것을 하나님이 육식을 허용하신 근거로 보아야 한다고 주장하면서, 이를 노아 언약에서 확인되는 축복의 중요한 내용으로 보았다. 즉 육식을 '금지'하신 것이 아니라 육식을 하되 피 채 먹지 말고 고기를 익혀 먹어야 한다는 것인데, 이것이 곧 발전된 문명을 상징한다는 것이었다. 이렇듯 노아 언약은 홍수 이후에 하나님이 내려주시는 축복이 더 풍성하고 강력하게 주어졌음을 보여준다.

(4) '일반은총'이 가지는 성격들

노아 언약에 대한 분석은 카이퍼가 문화를 이해하는 코드들을 알게 해준다. 곧 인류는 에덴동산에서 쫓겨난 후에도 여전히 하나님의 은혜 가운데 있었다. 노아 언약에서도 일반은총은 단지 믿는 자들만이 아니라 모든 인류를 향해 있다. 이들이 일구어낸 문화에 대해 하나님이 여전히 은혜를 내려주시기 때문에 인류전체는 충분한 문명과 문화적인 삶을 살고 있다는 것이다. 다시 말해 하나님의 축복은 여전히 '땅' 전체를 향해 있고 모든 사람에게 일반적으로 주어지는 것이다.

카이퍼는 인류의 문명이 계속해서 발전해왔다는 사실에 주목함으로써 그 근거를 찾았다. 즉 이교와 이슬람교, 로마교가 넓고 신선하게 미래에 대한 소망을 갖고 계속해서 전진해 간 것, 중국과 인도에서 진행된 높은 발전, 바벨론과 중앙아시아에서 일어난 문명, 그리고 로마제국에서부터 발전한 문명 등을 지적했다.[18] 비록 이런 발전들에 한계가 있기는 하지만, 계속해서 전진하고 발전했다는 사실을 부인할 수는 없다. 이렇듯 카이퍼는 문화를 '발전'의 관점에서 보았다. 물론 이 발전은 칼빈주의에서 최종적이고 완전한 형태에 이른다. 그리고 이런 계속된 문화의 전진과 발전을 '일반은총'에 근거해서 설명했다.

그가 살았던 19세기는 여전히 '발전'이 지배적인 세계관이었다. 당시 자연과학에서는 진화론이, 사회과학에서는 자유주의와 사회주의가 대두되었다. 공산주의는 낙관적이고 발전중심적인 사상이 잘 투여된 사회사상이었다. 산업혁명은 생산량의 폭발적인 증가를 가져왔고, 계속되는 신대륙의 개척과 식민지 개발에 바탕이 되었다. 카이퍼는 이 같은 '발전'이라는 코드를 당시 현실을 인식하는 중요한 틀로 사용했다. 역설적이지만 당시의 근대주의 사상도 이와 유사한 시각을 가지고 있었다. 차이는 카이퍼가 발전을 인간 이성의 능력이 아니라 하나님으로부터 오는 '일반은총'으로 보았다는 점이다.

(5) 일반은총이 가지는 신학적 측면들

'일반은총'은 프랑스 혁명에서 시작된 근대 자유주의를 반대하는 한편, 기독교 신앙에 근거해 사회, 문화적인 발전을 설명할 수 있는 근거를 제공하였다. 그러나 일반적인 의미에서의 기독교가 아니라 왜 칼빈주의만이 인류의 일반적인 발전에 중요한 단계가 되는가? 칼빈주의 입장을 취해야만 일반은총이 제자리를 잡을 수 있는 것인가? 이런 질문에 답하기 위해서는 '일반은총'을 옹호하는 칼빈주의에 대한 신학적 지지가 필수적으로 요구된다.

먼저 카이퍼는 로마천주교나 알미니안 주의를 칼빈주의와 비교했다. 즉 로마천주교나 알미니안 주의는 인간이 선한 행위를 하고 문명의 발전이 가능한 이유를 타락 후에도 인간에게 타락하지 않는 부분이 남아있다는 것에서 찾았다.[19] 하지만 카이퍼는 이 같은 로마천주교나 알미니안 주의의 관점이 프랑스 혁명의 근대주의와 결과적으로 유사하다고 보았다. 특별히 인간의 자유의지가 타락한 후에도 단지 정도의 측면에서 약화되었을 뿐 여전히 능력을 가지고 있다고 보는 것은 사실상 일반은총의 필요성을 부인하는 것이나 다름없었다.

이에 반해 재세례파는 세상을 죄악시하고 죄가 가득한 곳으로만 보았다. 오직 교회만 거룩하게 생각했고 하나님의 창조를 무시한 채 세상도피적이었다.[20] 하지만 '일반은총'은 이 같은 재세례파의 이원론도 반대했다. 이런 점에서 카이퍼는 다원성을 받아들이면서도 상대주의로 빠지지 않을 수 있는 유일한 길이 일반은총을 정당한 의미에서 주장하는 칼빈주의에 있다고 보았다. 즉 칼빈주의만이 창조와 구속에 나타나는 하나님의 의도를 온전히 이룰 수 있다고 생각했던 것이다.

카이퍼가 말하는 개혁주의의 일반은총이 가지는 또 하나의 신학적 특징은 하나님의 은혜를 일반은혜와 특별은혜로 나누고 이를 모두 예정론과 연결시키는 것이었다. 카이퍼가 판단하기에 개혁주의의 선구자들은 거의 예외 없이 예정론을 인간의 구원 혹은 유기와 관계된 가르침으로만 보았다. 그런데 이런 식의 접근은 예정론을 지극히 개인주의화함은 물론 개인과 피조물 전체를 하나로 보는 유기적인 관점을 결여하게 된다. 그래서 카이퍼는 예정에는 역사의 전부, 하늘과 땅이 취하게 될 과정의 전체가 그 안에 들어있다고 생각했다. 곧 예정은 모든 창조는 물론 그 창조가 이르게 될 하나님의 영광을 향해 있다는 것이었다.[21] 물론 그렇다고 해서 카이퍼가 특별은총의 중요성을 도외시한 것은 아니었다. 그보다 특별은총은 항상 일반은총을 전제하고 일반은총은 특별은총이 가능한 일종의 바탕이었다. 일반은총이 없다면 선택 받은 자들이 출생할 수도 없고 선택의 목적 또한 이루어질 수 없다.[22]

일반은총은 단지 인간본성의 타락과 마음의 죄악을 억제하는 것에 제한되지 않는다. 그것은 국가시민적인 의, 가정, 덕, 공공의 양심 강화, 법질서가 내적으로 강화되는 것까지 확장되어야 한다. 그것은 외적으로는 자연을 정복하며 발명과 새로운 발견들, 정보 교환, 교통, 과학의 진보를 통해 삶을 풍성하게 만든다.[23]

'영역주권'이라는 개념이 다양한 삶의 확신들을 긍정하고 다원성에 대한 길을 넓게 열어주었다면, '일반은총'이라는 개념은 그 모든 삶의 영역들이 어떻게 질서를 이루며 어떻게 관계를 맺어야 하는지를 알려주는 근거가 되었다. 다양한 삶의 확신들 속에서도 문화는 여전히 발전한다. 심지어 이슬람이나 로마교, 근대자유주의 아래에서도 '일반은총'은 여전히 작용한다. 그러나 특별은총이 없는 '일반은총'만의 작용은 불가능하고 한계에 머물고 만다. 네덜란드 국가사회와 세계적인 문화의 발전은 결국 '일반은총'이 제대로 작용할 수 있는 특별은총과의 관계 속에서만 온전한 목적에 이를 수 있는 것이다.

(6) 일반은총의 구체적 적용

여기서 카이퍼가 말하는 일반은총의 구체성을 보여주기 위해서 가정과 교육, 예술이라는 주제에 대해 카이퍼가 다룬 부분만을 소개하겠다.

① 가정

가정은 독특한 일반은총의 영역에 속한다. 다른 모든 주권영역들이 국가시민적인 영역에 속하는데 반해, 가정은 그것보다 먼저 발생한 주권영역이다. 이 가정이라는 영역만큼 일반은총이 강하게 일어난 곳은 없다. 왜냐하면 하나님 자신이 가정을 세우셨고 죄악 중에서도 가정은 여전히 그 모양을 유지하고 있기 때문이다. 특별은총 속에 있지 않은 국가들과 문화들에서도 가정은 굳건히 그 생명력을 잃지 않고 있다. 신앙적인 부분이 사라져 버린 민족들에서도 전통적인 가정의 삶은 지켜져 왔다. 이런 것들은 모두 일반은총을 증명하는 내용들이다.[24]

그렇다면 기독교 가정은 어떤 의미를 가지는가? 일단 개혁주의의 관점에서는 가정을 교회의 치리권 아래에 있는 것으로 본다. 그런데 개혁주의를 꽃피운 나라들의 특징은 자유로운 시민의 삶이 가장 강력하게 꽃피웠다는 점이다. 이런 점에서 교회가 가정의 삶에 치리권을 가지고 간섭하는 것은 가정의 독립성을 헤치는 것이라고 생각할 수도 있다. 특별히 시민의 자유가 증가할수록 가정이 교회의 치리 아래 있다고 보는 것은 가정의 고유한 영역을 침범하는 것으로 받아들여지기 쉽다.

가정이 교회 밖에, 일반은총의 영역 아래 있는 것은 분명하다. 그러나 가정이 하나님의 축복 아래 있다고 하는 것은 교회의 보호 아래 있다는 것을 의미하기도 한다. 교회 밖에서 가정의 독립성을 찾는 것은 오히려 가정에 자유를 주지 못하고 죄와 범죄 아래 머물도록 하게 만든다. 그렇기 때문에 가정은 교회 안에서 뿌리를 내리고 거기서부터 성장해가야 한다. 다시 말하지만, 가정은 일반은총의 영역 아래 있기 때문에 교회와 명확히 구분되는 영역이요, 국가보다도 먼저 독자적으로 존재했기 때문에 국가로부터도 자유로운 영역이다. 하지만 '가정'이라는 영역이 교회 안에 머물러 '기독교 가정'이 될 때, 비록 죄와 접촉하고 있다 하더라도, 일반은총의 가장 순수한 증거를 나타낼 수 있다.[25]

이와 같은 카이퍼의 사상은 그 당시뿐만 아니라 지금까지도 중요한 의미를 가진다. 왜냐하면 1960대 이후 결혼과 가정에 대한 심각한 도전들이 대두되었기 때문이다. 서구사회에서는 가정을 국가제도로부터 자유롭게 한다는 명목 아래 정부당국에 결혼신고를 하지 않고 동거하는 사람들이 폭발적으로 증가하였다. 결혼을 단지 하나의 제도로 보고 법적인 결혼에 얽매이지 않는 다양한 유사 결혼의 형태들도 등장하였다. 이혼 또한 심각한 수준에 이르렀다. 만일 카이퍼가 우리 시대에 살았다면, 가정이 일반은총 아래 있다고 그토록 강하게 주장할 수 없을만큼 현재의 가정은 심각한 위험에 처해있다. 그러나 사실 카이퍼 역시 가정이라는 영역에서 찾은 최종적인 답은 기독교 가정이었다. 가정이 교회의 치리 아래 놓여야 일반은총의 진정한 증거가 될 수 있다는 것이었다. 가정에 대한 가치관이 혼란한 현재까지도 이러한 관점은 여전히 진리임을 보여준다.

② **교육**

교육은 가정과는 달리 명백하게 시민사회적인 영역에 속한 것이다. 그래서 특별은총보다는 명백히 일반은총 아래 있는 것으로 보아야 한다. 양육과 교육은 근본적으로 다르지 않다. 이 둘은 모두 사람을 전인적인 존재로 회복하는 일, 즉 하나님의 질서를 인간 속에 온전하게 회복하는 일과 연관된다.[26] 따라서 '가정'이라는 영역에서도 보았듯이, 교육에서도 '기독교적' 양육 혹은 교육이라는 것을 생각하지 않을 수 없다. 그런데 기독교 교육에는 두 가지 측면이 있다. 하나는 구원과 관련해서 기독교 신앙으로 인도하는 측면과 다른 하나는 교육적인 영역에서 최상의 교육인 '기독교' 교육이라는 측면이다. 일반은총이 말하는 시민적이고 자연적인 삶은 후자와 관련된다.

유럽과 북미의 모든 교육이 기독교 교육이라고 할 수는 없다. 그러나 이곳에서 좀 더 발전된 교육이 나타나는 이유는 거기에 기독교적인 요소가 있기 때문이다. 뿐만 아니라 다른 나라들에서 이루어지는 보통의 일반적인 교육에도 기독교적인 요소가 있을 수밖에 없다. 기독교적인 요소가 의미하는 것은 학교에서의 교육 목적이 아이들을 구원에 이르는 회개에 이르도록 하는 것이어야만 한다는 뜻이 아니다. 물론 수학 법칙이나 화학적 결합 등을 가르칠 때는 기독교적인 교육과 이방적인 교육 사이에 별다른 차이가 나지 않는다. 그러나 교사를 포함해 교육을 포괄하는 모든 활동에서 기독교적인 교육과 이방적인 교육 사이에는 차이가 있다. 카이퍼는 이런 교육 활동들이 기독교적인 삶의 관점 속에서 이루어져야 한다고 보았다.[27]

양육 또는 교육의 목적을 생각할 경우, 그것이 일반은총에 해당되는 영역이라고 말할 수밖에 없다. 왜냐하면 아이들을 일반적인 인간다운 형태(algemeen menselijke vorming)에 이르게 하는 것이 양육 또는 교육의 최종적인 목적이기 때문이다. 비기독교 교육과 기독교 교육 사이에 지극히 큰 차별이 존재하지 않을 수도 있으나, 결국 일반적인 인간다운 계발은 기독교적 관점 속에서 이루어져야 완성에 이를 수 있다.[28]

③ 예술

피조물인 인간은 하나님이 주신 능력과 은사를 활용하여 예술활동을 한다. 따라서 예술은 사람에게서는 나올 수가 없다. 하나님이 주권자이시기 때문에 하나님이 최고의 예술가이시다. 하나님이 이 세계를 창조하셨을 때 아름답다고 정해주신 질서와 법칙 밖에서는 어떤 매력도 있을 수 없다. 따라서 예술은 악인에게서 나올 수 없다. 카이퍼는 예술을 궁극적으로 하나님의 창조질서에 담긴 아름다움을 담고 표현하는 것으로 보았다.

그러나 범죄로 최고의 은사를 버린 자가 여전히 예술의 은사를 지니고 있다는 측면에서 하나님의 일반적인 관대함이 어느 정도 증거된다고 할 수 있다. 예술적인 재능은 인간의 본성에 자리하고 있는 것이다. 이런 점에서 예술은 특별은총이 아니라 일반은총의 영역에 존재하는 것이다. 예술가는 하나님의 창조를 모방해서 다시금 창조하는 것이다. 여기에 예술의 비현실적인 창조가 존재한다. 인간의 눈이 닫히고 귀가 막혀도 창조세계의 아름다움은 여전히 남아 있기에 예술가는 일반은총에 의한 예술적인 재능으로 그 아름다움을 파악하고 모방하는 것이다. 이런 점에서 특별은총 안에 있지 않는 자들에게서도 훨씬 더 진전된 예술의 진보가 나타날 수 있는 것이다. 예를 들어 고대 그리스나 인문주의 예술은 상당한 수준의 예술을 보여주었다. 그러나 결과적으로 하나님의 창조세계의 아름다움을 표현하는 진정한 예술은 특별은총 안에서 나올 수밖에 없다. 이는 단지 기술적인 발전의 문제가 아니라 하나님의 세계를 이해하고 모방하는 것에 달려 있기 때문이다.[29]

6. 교회의 세속화?

(1) 다른 차원의 세속화

카이퍼의 사상을 정리하려면 그가 말한 '세속화'라는 개념에 주목할 필요가 있다. 카이퍼는 국가와 사회의 '세속화'가 칼빈주의의 가장 깊은 근본 사상이라고 말했다.[30] 서구사회에서는 세속화가 사회의 비기독교화를 의미하고, 비서구사회에서는 현대의 이데올로기나 종교적 혼합주의와 같은 사상이 유입되어 교회가 타락하는 것을 의미[31]하는데, 카이퍼가 말하는 세속화는 이런 의미들과는 매우 다르다. 아래의 문장에서 그가 말하는 세속화의 의미를 엿볼 수 있다.

> 칼빈주의는 매우 엄격한 신앙고백적인 성격을 고수하며 성실하게 권징을 행하는 그리스도의 교회로서 존재해야 한다. 그것은 더 이상 국가교회나 민족교회 혹은 모든 민족들이 (출생하면 자동적으로) 세례를 받는 것 등을 통해서 기독교적인 성격을 가진 시민사회를 만드는 방식으로 구해질 수 없다. 그보다 주님의 교회가 전체 민족과 조국의 삶의 모든 조직과 기관들에 영향을 미치는 것에서 찾아져야 한다.

교회는 국가나 시민사회에 신앙고백적인 통일성을 요구하거나 권위적인 지배권을 행사함으로써가 아니라 국가와 시민사회에 대하여 도덕적으로 승리함으로써 영향을 드러내는 수밖에 없다.[32]

여기서 카이퍼는 기독교가 일반적인 모든 삶의 영역들 속에 영향을 미치는 세속화에 대해 말하고 있다. 기독교의 세속화는 결국 교회의 세속화, 곧 교회가 가지는 도덕적인 승리에 그 핵심이 있다. '일반은총'이 미치는 모든 곳에서 긍정의 소망들이 솟아나고 있긴 하지만, 궁극적으로 교회의 승리를 통한 기독교의 세속화만이 이 소망들을 실질적인 열매로 만들어 낼 것이다. 카이퍼는 이 방법만이 네덜란드 국가사회 전체에 유일하게 아름다운 기쁨을 줄 수 있을 것이라고 확신했다.

(2) 교회를 통한 세속화

카이퍼는 교회가 세상과 문화에 영향을 미치는 방식을 통해서 기독교가 세상과 관계한다고 보았다. 그러나 그는 교회가 직접적으로 세상과 문화에 영향을 미치는 것에 대해서는 매우 경계했다. 그래서 그는 말씀, 성례, 직분자로 이루어진 제도적인 교회가 직접적으로 '민족교회' 혹은 '국가교회'가 되는 방식을 취해서는 안 된다고 보았다. 즉 제도적인 교회가 민족교회가 됨으로써 그 민족의 사람들이 모두 어떤 방식으로든 제도적인 교회 속에 들어오게 되고 그럼으로써 교회가 세상과 문화에 영향을 미치는 것은 더 이상 불가능하기도 하지만 바람직한 것도 아니라는 것이다.

이런 점에서 카이퍼는 제도적인 교회 안에는 참된 신자들, 곧 입술로 하나님과 사람 사이에 유일한 중보자이신 그리스도를 고백하는 자들만이 포함될 수 있다고 보았다. 거짓이나 위선적인 자들은 이 교회 안에 포함될 수 없다. 따라서 제도적인 교회와 민족교회가 일치하는 방식으로 이루어지는 교회의 세속화는 그리스도의 몸으로서 교회의 정체성을 훼손할 뿐이다. 오직 참된 신자들이 말씀과 성례로 하나된 교회만이 교회의 세속화를 위한 절대 필요조건이다.

그렇다면 카이퍼는 민족교회의 이상을 포기한 것인가? 교회의 세속화를 설명하기 위해서 카이퍼는 제도적인 교회 안에 있지만, 그것과 구별되는 유기체적인 교회에 대해 말한다. 즉 식물이 뿌리로부터 자라서 줄기와 잎, 열매 등으로 자라가듯이, 제도적인 교회로부터 유기체적인 교회가 세상을 향해서 성장해 나간다는 것이다. 교회로부터 뻗어나간 불빛이 민족과 국가의 삶속으로 퍼져 나간다. 교회들에서 불붙은 복음의 빛이 세상을 향해 비출 때, 민족과 국가의 삶이 축복을 받는다. 특별은총이 비추는 빛이 일반은총의 도구와 수단이 되는 것이다. 그럼으로써 민족 전체의 삶과 그 안에 있는 모든 삶의 영역은 기독교적인 이름 아래 놓이게 된다. 바로 이 같은 유기체적인 교회를 통해서만 민족교회를 말할 수 있는 것이다.[33]

7. 있는 그대로의 카이퍼의 복원을!

(1) 카이퍼의 공헌

① 기독교 세계 이후(Post-Christendom)에 대한 예언적인 메시지

로마제국의 콘스탄틴 황제 이후 서구사회는 '기독교 세계'(Christendom)를 이루었다. '기독교 세계'라는 용어는 서구시민사회를 묘사하는 하나의 전문용어이다. 서구사회를 구성하는 중요한 두 축으로서 종교적인 기둥인 교회와 세속적인 기둥인 정부가 하나의 기독교 신앙으로 연합되어 존재한 것이다. 각각의 역할은 다르지만 근본

적으로 서구사회를 구성하는 성원들은 이 둘에 중첩되어 있기 때문에 결과적으로 하나의 연합된 기독교 세계 안에서 살아갔다.[34]

카이퍼가 살았던 시대에도 많은 사람들은 서구시민사회가 여전히 기독교 세계라고 생각했다. 그러나 카이퍼는 이런 상식이 점점 의문시되던 시대의 정신을 읽을 수 있었다. 그리고 자기 방식으로 '기독교 세계'의 종말을 선언하며, 네덜란드는 이미 하나의 단일한 기독교에 의해서가 아니라 다원성에 기초한 후기 기독교 세계(Post-Christendom)에 들어섰다고 결론내렸다.

카이퍼 사상의 선구적인 부분은 여기서 그치지 않았다. 그는 단지 기독교 세계라는 전통적인 모델이 무너졌다는 현실을 지적했을 뿐만 아니라 교회가 사회에 미치는 다양한 영향력이 현저하게 약화된 모습도 깨달았다. 지금 현재 세속화된 서구사회에서 교회와 기독교가 맞을 위기를 미리 예견했다고도 할 수 있다. 오늘날 서구사회는 어떤 영역에서도 기독교의 색채를 거의 찾아볼 수 없을 만큼 포괄적인 의미에서 기독교 없는 사회로 진입하고 있다. 오히려 오랜 역사 속에서 축적되어 왔던 반 기독교적인 정신이 더욱 강력한 힘을 발휘하고 있다. 기독교가 아니라 프랑스 혁명의 정신이 서구사회의 전반적인 영역을 실질적으로 지배하고 있다는 통찰력에서 카이퍼의 씨름이 시작되었다고 한다면, 카이퍼의 모델은 100년 이상이 지난 현재에도 여전히 유효하다고 할 수 있다.

카이퍼 이후에는 어느 누구도 서구사회를 기독교 세계로 인식하지 않게 되었다. 서구시민사회의 모든 영역에서 기독교라고 여겨졌던 가면은 벗겨졌다. 교회의 지배권이 자동적으로 보장되거나 수용되는 시대는 역사의 뒤편으로 사라졌다. 카이퍼를 통해서 교회는 시민사회 속에서 다른 사상들, 다른 기관들과 경쟁해야 한다는 사실을 알게 되었다. 참되고 신실한 제도적인 교회가 도덕적, 영적, 정신적 우위를 통해서 시민사회 속에서 역할을 찾아나갈 수밖에 없는 시대가 되었다. 이 같은 발견으로 카이퍼의 신학과 삶은 교회 역사에서 중요한 마디를 형성하게 되었다.

② 교회 중심적인 그리스도 통치 사상

카이퍼는 시대적인 통찰과 함께 교회가 가지는 독립성을 확보하기 위해 전 생애를 바쳐 투쟁했다. 비록 그가 제도적인 교회와 유기적인 교회를 구분하긴 했지만, 제도적인 교회의 필수불가결성을 결코 간과하지 않았다. 카이퍼는 국가개혁교회 안에 존재했던 국가에 교회가 종속되는 토대들을 차단하고자 부단히 노력했다. 물론 국가개혁교회를 통해 국가 시민사회 전반에 절대적인 영향력을 미칠 수 있는 가능성은 더 이상 찾지 않았다.

하지만 가장 먼저 국가개혁교회로부터 자유를 확보했던 '분리'에 속한 교회들은 카이퍼의 이런 노력이 진리를 위한 것이 아니라 단지 제도적인 또는 법적인 것이었다고 의심을 제기하였다. 이런 의심은 '분리'와 '애통'의 연합을 주도했던 헤르만 바빙크에 의해서도 제기되었는데, 바빙크는 한창 이 두 교단의 합동이 논의되던 1888년에 '분리'와 '애통'의 차이에 대해 다음과 같이 묘사했다.

> '분리'는 국가개혁교회에 대해 그리스도의 몸이 부서진 것으로 보았던 반면에 '애통'은 몸이 아니라 단지 교회적인 연합이 차단된 것으로 보았다. 우리(분리)는 같은 신앙고백과 권징, 예배에서 우리 선조들의 개혁교회에 하나됨을 확인했다면, 저들(애통)은 법적으로 같은 몸에 연결되어 있다는 사실에 주목하였다. '분리'는 진리를 위한 투쟁이었다면, '애통'은 개혁교회법적인 권리를 위한 싸움이었다. 이것은 윤리적인 것이 아니라 법정적인 원리를 중요시한 것이었다.

그러나 결국 바빙크는 '분리'측의 깜뻔 신학교를 떠나 카이퍼가 설립한 자유대학의 교수직을 수용했다. 그는 교회가 신앙고백과 진리에 신실해야 한다는 사실을 포기하지 않았지만, 교회가 여전히 하나님의 피조세계 안에서 그리스도의 통치를 집행해야 하는 사명을 놓지 않고자 했기 때문에 카이퍼와 협력한 것이었다. 그런 점에서 이 두 사람은 상당한 의견의 접근을 보았던 것이다.

'분리'와 '애통'이 가지는 강조점의 차이가 카이퍼의 교회중심적인 사상을 평가절하하는 근거가 될 수는 없다. 넓은 범위에서 보자면, 카이퍼는 네덜란드 개혁교회의 역사 속에서 면면이 흘러내린 교회의 자유와 독립성을 위한 투쟁의 정점에 서 있으며, 신앙고백적인 정체성을 중심으로 교회를 지켜왔던 개혁교회 역사의 큰 물줄기 속에 위치해있다. 그 속에서 카이퍼는 교회의 견고함과 신실함이 자연스럽게 시민사회 전반에 영향력을 미치는 교회의 세속화 모델을 구상하였던 것이다. 현실적으로 교회의 흥왕과 풍성함이 없었다면 다른 영역에서 카이퍼가 투쟁한 것은 아무런 실질적인 효과를 가져 오지 못했을 것이다.

(2) 카이퍼의 약점들

① 낙관주의자 카이퍼?

서구사회 역사의 큰 테두리에서 보자면, 카이퍼는 19세기의 패러다임에서 살았던 사람이다. 일반적으로 19세기는 현재와 미래에 대한 낙관주의가 최고조로 이른 시기였다. 1차 세계대전이 발발하기 전까지 서구사회의 구성원들은 발전과 진보에 대한 확신을 가지고 있었다. 산업혁명과 과학의 발전 그리고 신대륙의 발견은 이런 확신을 뒷받침하는 물적 토대를 제공하였다. 사회적인 사상들도 인간의 무한한 가능성을 긍정하고 있었다. 심지어 사회주의나 공산주의 사상들도 사실상은 진보와 낙관에 근거한 세계관에 기초한 것이었다.

물론 카이퍼가 당시의 낙관적인 시대정신을 무비판적으로 수용한 것은 아니었다. 카이퍼는 인간의 원죄와 죄가 만들어 내는 죽음의 문화에 대해 분명하게 자각하고 있었다. 그는 자신의 일반은총론이 "철학적인 이해에서 나온 것이 아니라 죄가 가지고 있는 죽음의 성격에 대한 고백에서부터 출발한 것이다."고 『일반은총』이라는 그의 책 서두에서 밝히고 있다.[35] 이처럼 카이퍼는 인간의 타락에도 불구하고 여전히 인간성 안에 남아있는 자연적인 천성에 대해 긍정하는 로마교회나 알미니우스 주의의 위험을 누구보다도 잘 인식하고 있었다.

카이퍼는 재세례파적인 신앙의 성향이 가진 이원론에 대해서도 분명하게 반대했다. 그들은 이 세상에서 주어진 하나님의 부르심을 간과하였다. 물론 카이퍼 역시 간혹 "이 세상은 사탄의 권세와 하나님의 선한 영향력이 서로 혼합된 삶 속에 존재한다."[36]고 말함으로써 마치 이원론적인 관점을 옹호하는 듯 보이기도 한다. 하지만 이런 언급은 카이퍼가 죄와 죄가 가진 영향력에 대해 부인하거나 간과하지 않고 있음을 드러내기 위함이었을 뿐이다. 왜냐하면 카이퍼는 여기서 멈추지 않고 죄 많은 이 세상에 대해서도 하나님께서 긍휼을 잊지 않으신다는 점, 그래서 하나님의 자녀들이 여전히 하나님을 찬양할 수 있는 가능성을 제공하고 있다는 점을 함께 강조했기 때문이다. 그는 일반은총의 개념을 통해 죄와 그리고 죄가 만들어 내는 문화를 극복하고 억제하면서 하나님께서 지으신 목적대로 문화가 더욱 더 발전하고 있다는 점을 표현하고자 하였다.

일반은총은 문화와 자연, 시민적인 권리의 번영을 인간에게서 출발하지 않고 하나님으로부터 출발하려는 카이퍼의 노력에서 나온 것이었다. 즉 죄와 부패한 세상이 여전히 남아있지만, 하나님이 주신 일반은총은 그것을 압도하면서 문화, 자연, 시민적 삶의 영역에서 매우 강하고 긍정적인 진보와 발전을 일으키는 능력으로 작용하고 있다는 것이다. 이런 점에서 카이퍼는 19세기의 긍정성을 일방적으로 수용하지 않으면서도, 당시에 현상적으로 드러나는 진보와 발전을 매우 인상적으로 바라보고 그것에 대해 신학적으로 해설하려고 노력했다. 그의 시대가 경험한 번영을 프랑스 혁명이 아니라 일반은총에서 찾았다는 점에서 카이퍼는 효과적으로 반혁명정신을 표현하였지만, 문화와 피조세계를 여전히 발전과 진보의 관점에서 보았다는 사실만큼은 부인할 수 없다. 매우 조심스럽긴 하지만, 이런 점에서 카이퍼 사상을 19세기 낙관주의적 세계관의 산물이라고 평가하는 것은 여전히 유효해 보인다.

② 일반은총을 위한 특별은총?

카이퍼 사상에서 일반은총과 특별은총의 관계성에 대한 질문은 끊임없이 주어진다. 카이퍼는 이 둘을 구분함으로써 자연과 은총을 둘로 나누어 구분함은 물론 서로 대립되는 것으로 여기도록 만들었다. 더군다나 일반은총이 특별은총보다 우위에 있으며, 특별은총은 다만 일반은총에 접목되어 그것을 꽃피게 만드는 역할로 자리매김하게 된다.

다우마(Douma)는 카이퍼 사상에서 발견되는 3중 구조로 이에 대해 설명했다. 즉 초창기 카이퍼는 모든 은총을 특별은총으로 보고 일반은총과 특별은총을 분리하지 않았다. 그러나 사실 카이퍼는 초창기에도 특별은총을 다음과 같이 묘사한 적이 있다. "하나님의 자녀들이 하나로서 성도의 교제에 속한 것도 사실이지만, 성도의 교제는 사람의 자녀들로부터 구성되어 나왔다."[37] 이는 어느 정도의 이중적인 구분이 초기부터 자리잡고 있었음을 보여준다. 그러다가 이런 카이퍼의 사상은 점차 삼중구조 곧, 특별은총으로서의 하나님의 선택교리, 언약 그리고 일반은총으로 발전했다. 다른 저서에서는 이를 삼위일체 하나님과 연결하는데, 곧 성령의 고백인 선택과 독생자 안에서의 언약에 대한 고백은 반드시 창조에 대한 성부 하나님의 고백으로 복귀해야 한다고 본 것이었다.

결론적으로 카이퍼에게서 예수 그리스도는 문화의 구주이실 뿐이다. 또한 특별은총은 일반은총이 완성되도록 하는 과정에서 필요한 것 정도로만 자리매김하게 된다. 이처럼 일반은총과 특별은총은 불균형되고 적절하지 못한 방식으로 자리잡는다.

③ 유기체적인 '교회'?

카이퍼 사상에서 핵심적인 줄기는 유기적인 설명구조인데, 그는 이를 교회에도 적용한다. 곧 그는 제도적인 '교회'를 벗어나서 공적이고 일반적인 영역에 존재하는 교회적인 기관들을 유기체적인 '교회'로 설명한다. 그래서 제도적인 교회가 그 자체로 제한되고 그 안에 머물러야 하는 것이 아니라 일반은총의 영역으로 더 발전함으로써 유기체적인 교회로 나아가야 한다고 주장했다. 이런 점에서 유기체적인 교회론은 카이퍼의 관심을 잘 표현해주는 중요한 도구이다.

그러나 그는 교회적인 기관에 해당되는 영역을 '교회' 자체로 이름 붙였다는 점에서 심각한 오용을 낳았다고 할 수 있다. '교회'는 그리스도의 직접적인 통치와 선물이 주어지는 곳이요, 이는 직분자를 중심으로 모든 그리스도의 지체에게 공급되는 은혜의 방편을 통해서 구체화된다. 그리고 이를 함께 나누는 성도들의 교제만이 '교회'일 수 있다. 그런데 카이퍼는 유기체적인 '교회'라는 개념을 사용함으로써 교회와 교회가 아닌 영역에 대한 구분을 매우 약화시켰다. 물론 그의 의도는 세상의 모든 영역에 대한 성도들의 사명과 참여를 제도적인 교회에서부터 출발해 설명하고자 한 것이었다. 그의 이런 강조는 일견 지역교회의 중심성을 강조하는 것이기도 했다.

그러나 '교회'는 그리스도가 주시는 은혜의 방편이 있는 장소라는 매우 협소한 의미로 규정되어야 한다. 물론 '교회'는 '만물'과 연관되고, 그리스도는 교회를 통해서 만물을 통치하신다. 그러나 교회와 교회적 기관, 나아가 다른 모든 영역의 구분은 분명해야 한다. 은혜의 방편이 주어지지 않는 모든 교회적인 기관들까지 '교회'라고 규정하는 것은 교회가 가지는 독특성을 상실하게 만들 뿐이다. '교회'라는 기관이 가지는 독자적인 자리를 강조한다고 해도 교회가 세상에 영향력을 미쳐야 한다는 강조점은 결코 약화되지 않을 것이다. 오히려 교회와 교회적 기관을 구분하는 것이 이 두 기관이 올바로 서 나가고 자리잡는데 훨씬 큰 유익을 가져다 줄 수 있을 것이다.

(3) 카이퍼와 한국교회

카이퍼는 '세계관 운동'으로 한국교회에 알려졌다. 죄악된 세상과 거룩한 교회라는 소박한 이분법적 문법에 익숙했던 한국교회에 카이퍼의 사상은 세상변혁에 대한 관점을 심어주는 신선한 사상이었다. 더구나 1980년대 한국사회 전체가 독재에 대한 저항과 강력한 사회변혁에 대한 요구로 물결칠 때, 마땅한 사상적인 또는 행동적인 도구를 가지지 못한 대학의 그리스도인들에게 카이퍼는 효과적인 기독교적인 대안으로 수용되었다. '칼빈주의'라는 신앙고백적 지시어를 통해서 보수적인 신앙을 표현하면서도 적극적인 사회참여를 강조했다는 이유로 카이퍼는 진보적 기독교와 이원론적 보수적 기독교 사이에 갈등하던 많은 그리스도인들에게 매력적이었다.

목사였지만 언론과 정치의 영역에 적극적으로 활동한 카이퍼의 모델은 한 개인인 그리스도인이 세상을 어떻게 바라볼 것인가에 대한 관점을 제공해 줄 뿐만 아니라 자신이 처한 삶의 영역을 적극적으로 변혁해가야 하는 사명을 촉구하는 역할까지 했다. 그래서 한 때 이 같은 세계관 운동은 주요 교회의 청년대학부 교육프로그램으로 자리잡기도 하였다. 이런 세계관 운동의 뿌리로서 카이퍼에 대한 관심은 고조되었고 현재까지도 이어지고 있다. 카이퍼는 여전히 교회 안에 자신을 제한시키려고 하는 한국교회 전반에 의미있는 목소리를 전달할 수 있을 것으로 보인다.

다만 카이퍼의 사상을 세계관이라고 하는 이론적이고 학문적인 방향에서 접근하는 것보다 그가 처한 역사적인 상황 속에서 먼저 이해해야 한다. 다시 말해 카이퍼와 그가 남긴 유산들을 좀 더 발전된 체계로 만들려고 했던 결과물보다 좀 더 카이퍼를 당시의 문맥에서 이해하고 조명하려는 작업이 필요하다.

카이퍼는 혼자 단독플레이를 했던 고독한 기독교 영웅이 아니라 짧게는 19세기 초반부터 시작된 네덜란드 개혁교회의 씨름이 낳은 산물이었다. 그의 사상은 한 개인으로서 그리스도인이 세상을 어떤 안경으로 볼 것인가의 문제를 다루었다기보다 한 성도가 교회 안에서 어떻게 자양분을 얻고 또 생명을 얻으며 나아가 교회 전체가 어떻게 함께 세상을 향해 전진할 것인가의 문제를 다루었다고 할 수 있다. 우리는 카이퍼가 세상과 문화의 영역에서 거둔 열매가 100년 동안 교회를 진리의 기둥 위에 건설하고자 했던 성도들의 노력의 결과임을 알아야 한다. 결국 카이퍼는 신앙고백에 깊이 뿌리내린 고백적인 교회라는 큰 물줄기를 만들어 내는 것이 문화와 세상을 향해 유의미한 역할을 할 수 있는 유일한 방도임을 보여 주었다.

(4) 카이퍼의 부흥을 희망하며

어떤 사람들은 카이퍼가 제시한 유기체적인 교회, 예정론, 일반은총 등의 사상이 철저하게 성경에 기초하지 않고 사변적인 성격으로 발전되었다고 비판하기도 한다.

또한 카이퍼가 일반은총의 가능성에 대해서 지나치게 낙관적이었다고 평가하기도 한다.[38] 뿐만 아니라 그리스도의 구원사역, 곧 특별은총이 고유한 위치를 잃어버리고 단지 일반은총을 발전시킴으로써 불신자들의 문명적 삶을 건설하는데 기여하는 것으로만 국한되고 만다는 비판[39]도 있다.

그러나 카이퍼가 제시한 사상은 한편으로 다원주의 사회에서 교회의 쇠약을 경험하고 있는 한국의 상황에서 오히려 새롭게 그 시의적절함을 인정받을 수 있다고 생각된다. 왜냐하면 카이퍼는 교회가 국가나 시민사회에 대해서 지배권을 가질 수 없다는 사상과 함께 국가 또한 교회의 자유에 대해서 침해할 수 없다는 사상을 표현하기 위해 다원성을 옹호하였기 때문이다. 동시에 카이퍼는 가장 엄격한 고백적인 교회만이 하나님의 일반은총을 통해 국가와 사회의 발전에 가장 건강하게 영향력을 행사할 수 있다는 원리를 제시함으로써 재세례파나 경건주의적인 이원론을 극복하고 교회가 사회에 대해 가지는 책임감을 호소하였다. 이런 점에서 카이퍼는 좀 더 깊이 오늘날 한국교회에 알려져야 하며 또한 자리 잡아야 한다. 다만 이를 위해서는 먼저 카이퍼를 가능하게 했던 교회의 자원과 건실함이 전제되어야 한다.

3 끌라스 스킬더 Klass Schilder

Reformed view of the culture

1. 지옥을 고민하다

우리로 하여금 독일을 향해서도 선함을 찾게 해주십시오. 유일한 선함은 예수 그리스도 당신의 이름을 신실하게 고백하는 것입니다. 당신은 최고의 지도자이시고 우리의 왕이십니다. 우리 민족에게도 선함을 찾게 해주셔서 우리가 침묵하게 되거나 더 많은 폭력을 당하지 않도록 해주십시오. 아버지 하나님, 우리를 책망하십시오! 당신 앞에서 행한 우리의 배반을. 또한 우리가 우리의 한계선을 넘어간 것을. (중략) 책망해 주십시오! 그리스도로 말미암아 자유하게 된 우리의 양심이 예수 그리스도 아닌 것에게 노예가 되도록 만드는 그들을.[1]

이 기도의 제목은 "전쟁 때의 기도"(Gebed in oorlogstijd)로서 스킬더가 2차 대전 중이던 1940년에 「개혁」(*de Reformatie*)이라는 신앙지에 투고한 것이다. 여기서 스킬더는 2차 대전을 일으킨 독일이 히틀러가 아니라 참된 최고의 지도자이신 그리스도에 대한 신실한 고백을 찾도록 기도한다. 또한 네덜란드 민족이 독일의 악함에 대해서 침묵하거나 또는 그들에게 동조함으로써 하나님 앞에서 배반의 행동을 하지 않도록 간절히 기도한다. 스킬더는 카이퍼와 달리 두 번에 걸친 세계대전을 경험하였다. 그리고 이것이 그의 신학 전반에 깊게 드리워졌다. 물론 그는 전쟁의 참화 속에서도 기독교와 세상 문화 사이의 관련성을 단절하거나 포기하지 않았다. 오히려 전쟁 이전의 시대인 19세기에 살았던 카이퍼보다 더 강력하게 문화와 세상에 대한 그리스도의 주권을 주장하였다.

(1) 스킬더와 깜뻰: 신앙고백의 뿌리

카이퍼에 비하면 스킬더의 개인적인 삶은 비교적 잘 알려지지 않았다. 스킬더는 1890년 12월 19일, 네덜란드의 한 작은 도시 깜뻰(Kampen)에서 태어났다. 그의 아버지 요하네스 스킬더(Johannes Schilder) 역시 깜뻰에서 태어나 굵은 시거 담배를 만들어 파는 소상공인으로 살았다. 깜뻰은 원래부터 이런 담배를 만드는 것으로 유명한 도시이기도 했다. 깜뻰에서 태어난 스킬더는 깜뻰에 있는 신학교에서 봉직하고 또 깜뻰에서 죽었기 때문에 깜뻰과 스킬더는 뗄 수 없는 끈으로 묶여 있다고도 할 수 있다.

스킬더는 네덜란드 국가개혁교회 성도의 가정에서

태어나 유아세례를 받았다. 그러나 얼마 지나지 않아 그는 카이퍼가 주도한 '애통'의 네덜란드 개혁교회의 성도가 되었다. 그리고 1909년부터 1914년까지 '분리'측의 영향력이 강한 깜뻔의 신학교에서 공부하였다. 따라서 그의 신앙은 개혁주의의 정체성이 분명하면서 동시에 경건주의 색채도 뚜렷하였다.

> 개혁주의자들에겐 성경이 유일하고 전부이다. 왜냐하면 성경은 그들에게 하나님의 말씀이자 경건을 위한 안내서이기 때문이다. 그들의 심장에 새겨진 경험들은 성경이 진리라고 가르쳐준 것에 기초해 있다.(중략) 훌륭한 개혁주의 신앙인은 어떤 신앙의 확실성도 머리(hoofd)에 두지 않는다. 오히려 자신의 심령(hart)에 둔다. 개혁주의 신앙인은 종교적인 신비주의를 멸시하지 않고 누구보다도 그리스도와의 신비한 연합에 천착한다. (중략) 신비한 연합은 그리스도와의 바른 관계, 곧 그분의 인격, 사역, 본성, 존재 등 성경에 나타난 그분과의 관계를 말하는 것이지 당신의 주관적인 사색이 이런 참된 동기들이나 바른 통찰력을 제공한다고 보지 않는다.[2]

(2) 목회와 독일에서의 박사학위

1차 세계대전(1914-1918)이 발발한 해인 1914년에 스킬더는 첫 목회지인 암트-포렌호퍼(Ambt-Vollenhove)라는 도시에 목사로 청빙을 받았다. 그리고 2년 후에는 플라르딩언(Vlaardingen)에서, 이어 호린켐(Gorinchem, 1919), 델프트(Delft, 1922), 우흐스트헤이스트(Oegstgeest, 1925) 그리고 마지막으로 로테르담(Rotterdam, 1928)에서 목사로 봉사한 후, 1934년 1월부터 깜뻔 신학교에서 교의학 교수로 재직하게 되었다. 앞에서도 말했듯이, 그가 처음 목회를 시작했던 때는 1차 세계대전의 참화 속에서였다. 비록 당시에 그는 전쟁 자체에 대해 개인적으로 찬반이 분명치 않은 중립적인 입장이었지만, 이후부터 사회와 문화에 대한 그의 전반적인 인식은 큰 전환을 맞게 되었다.

스킬더는 문화와 세상에 대해 변화된 그의 인식을 첫 저서에서 표현하였다. 그 저서의 제목은 『지옥이란 무엇인가?』(*wat is de hel?*)였는데, 첫 저서에서 지옥에 관한 주제를 다룰 만큼 당시 전쟁의 참화가 휩쓸고 간 자리에 남겨진 시대의 질문이 무엇이었는지를 너무나 잘 알 수 있다. 그는 개혁주의 신학자로서 전쟁과 그 속에서 벌어진 수많은 재난에 대해 침묵할 수 없었다. 그는 이 저서에서 지옥에 대해 다양하면서도 고전적인 묘사들을 다루었다. 또한 지옥을 다룬 근대의 문학들을 소개하고 그것과 대비되는 성경적이면서 개혁주의적인 관점을 부각시켰다. 나아가 전쟁으로 인해 피폐화된 사회문화적 경험들에서 제기된 실존적이고 종교적인 질문에 대해 신학적인 응답을 시도하기도 했다. 곧 지옥 같은 세상이 도래했음에도 그런 지옥에서조차 하나님의 주권은 여전히 나타난다고 주장한 것이다. 하나님의 주권의 포괄성은 지옥에까지 이른다는 것이 그의 결론이었다.

비록 스킬더가 당시 시대의 문화적 고민과 흐름의 연결선상에서 지옥이라는 주제를 다루긴 했지만, 그 같이 시급하고도 실제적인 주제에 대해서도 그는 개혁주의적인 관점을 일관되게 제시하였다. 여하튼 지옥을 다룬 스킬더의 첫 저서가 주는 함의는 분명한데, 그것은 1차 세계대전으로 인해 스킬더와 동시대인들은 이전과는 다른 사회문화적인 관점을 갖게 되었다는 것이다.

1차 세계대전과 그 결과에 대해서 신학적인 질문을 심각하게 던진 또 다른 한 사람은 칼 바르트(Karl Barth, 1886-1968)였다. 바르트는 1918년에 『로마서 강해』 초판을, 그리고 1922년에 2판을 출간했다. 이로 인해 독일뿐 아니라 당시 네덜란드의 다양한 개혁주의 신학자들이 바르트의 영향을 받게 되었다. 스킬더 또한 1925년에 이 저서를 처음 접하게 되었는데, 이때부터 그는 개혁주의 신앙고백의 바탕 위에서 바르트를 이해하고 비판해야 할 필요성을 느끼게 되었다.

스킬더는 『지옥이란 무엇인가?』에서 1차 세계대전이 남긴 새로운 시대정신과 문화에 대한 함의에 주목하였는데, 공교롭게도 바르트의 문제의식도 이와 일치하였다. 그럼에도 불구하고 스킬더는 바르트의 변증법적인 방법에 대해서는 거리를 두었다. 1926년에 잡지「개혁」에서 스킬더는 바르트 신학의 중심에는 역설(paradox)의 개념이 있다고 처음으로 언급했다.[3] 그리고 이후 '역설'이라는 주제를 중심으로 바르트 연구에 더 집중했다. 특히 목사로서 일했던 마지막 지역교회인 로테르담에서는 몇 차례의 연구년을 가지면서 이 연구에 집중했다. 그리고 마침내 독일 에어랑엔(Erlangen) 대학에서 박사학위를 취득하게 되었다.

1933년에 깜뻔에서 출판된 그의 박사학위 논문은 "역설 역사적 개념에 대하여; 칼빈의 역설 이해와 키에르케고르 이후의 역설 이해에 대한 고찰을 중심으로"(*Zur Begriffsgeschichte des „Paradoxon: Mit besonderer Berücksichtigung Calvins und des nach-kierkegaardschen*

„*Paradoxon*)이었다. 이 논문으로 스킬더는 네덜란드뿐 아니라 독일 신학계의 중요한 논쟁에 동참하게 되었다. 하지만 그는 단순히 독일 신학의 경향을 따르지 않고 개혁주의 신학자로서의 정체성을 가지고 독일교회와 신학계에 경종을 울리고자 했다. 그래서 네덜란드어로 '개혁교회들'(de Gereformeerde Kerken)이라는 명칭을 번역하지 않은 채 그대로 사용했고 독일의 출판사들이 아닌 깜뻔의 콕(Kok) 출판사에서 그의 저서를 출간하였다. 무엇보다도 그는 네덜란드 내의 바르트주의자들에게 긴장과 경고를 주려고 노력하였다.

(3) 교수사역

① 바르트주의와의 긴장

박사학위 취득 후 1934년 1월에 깜뻔 신학교의 호너흐(Honig)의 교수가 은퇴하는 시점과 맞물려 스킬더는 교의학, 윤리학을 가르치게 되었다. 그의 교수취임 연설 제목은 "바르트의 실존적 철학과 그것에 대비되는 개혁주의의 신앙에 귀 기울이는 신학"이었다. 교회의 신학자로서 그는 바르트 신학에 적극적으로 응답하면서 개혁신학을 옹호해야 한다고 제안하였다.[4]

이처럼 개혁주의 신학을 지키려는 스킬더의 씨름은 바르트와 만나기 이전부터 시작되었다. 즉 1926년에 네덜란드 개혁교회에 속한 암스텔담에서 목사로 사역하던 헤일께르끈(J. G. Geelkerken, 1879-1960)이 제명을 당하는 사건에서부터였다. 헤일께르끈은 교회의 개혁주의 실천을 약화시키고 문화와 사회적인 영역에 대한 관심을 확대할 것을 강조하였다. 그러면서 '젊은 세대'라는 그룹과 함께 개혁교회에 속한 학생들과 학자들에게 영향력을 미쳤다. 하지만 스킬더는 이 모임에 거리를 두었다. 왜냐하면 그는 개혁주의 신앙고백을 약화시키려는 시도들에 대해 경계하였기 때문이다.

이 같이 일관된 개혁주의 신앙고백에 대한 그의 성실성은 그가 바르트의 『교회 교의학』에 대비되는 저작인 『하이델베르크 요리문답 해설』(*Heidelbergsche Catechismus*)을 하나의 종합적인 신학저서로 기획했다는 사실에서도 확인된다. 스킬더는 개혁교회의 3대 신앙고백 중 하나인 하이델베르크 요리문답을 단순히 설명하는 것에서 그치지 않고 이 신앙고백을 중심으로 자신의 신학적 작업을 종합하려고 시도했다. 비록 이 저작이 전체 52주일의 분량 중 11주일에서 중단되고 말았지만, 만일 전체가 완성되었다면 헤르만 바빙크의 『개혁교의학』

에 이어 개혁주의 신학진영의 중요한 자산이 되었을 것이다.

② 카이퍼주의와의 갈등

스킬더가 신앙고백 중심적인 태도를 지녔다고 해서 단순히 신앙고백 자체를 보수적으로 고수하고 반복한 것은 아니었다. 오히려 그는 네덜란드 개혁교회 안에서 신앙고백이 주는 새로운 영감들을 찾기 위해 씨름했다. 그러는 가운데 바르트를 통해서 촉발된 그의 문제제기는 카이퍼와 바빙크로 대표되는 네덜란드 내의 신-칼빈주의 흐름에 대한 비판적인 의견으로 표출되기 시작했다. 특히 반혁명당 내에서 스킬더 등의 의견은 카이퍼와 바빙크의 신학을 고수하려는 사람들을 자극했다. 그래서 단순히 이 두 거장의 신학을 있는 그대로 고수하고 지켜가는 것에 개혁신학의 모든 정체성을 두는 흐름이 강하게 나타나기 시작했다.

스킬더 역시 이 두 개혁주의 신학자들을 주의 깊게 연구하고 보존하는 일이 중요하다는 것은 알고 있었다. 그러나 스킬더는 여기서 더 나아가 그들의 사상을 새롭게 제기되는 시대의 질문들에 대답하게 함으로써 그 시대를 위한 좋은 원천과 영감으로 사용해야 한다고 생각했다. 즉 19세기의 시대정신이 아니라 1차 세계대전을 경험한 20세기의 시대정신이 제기하는 문제들에 대한 신학적 과제에 응답해야 한다고 생각했던 것이다. 스킬더는 1929년, 로테르담 교회에서 자유대학을 위해 기도할 때, "카이퍼는 죽었고 우리는 투쟁을 앞두고 있다."는 유명한 말을 남겼는데, 이 한 마디는 카이퍼와 그를 추종하는 신학에 경종을 울리고자 한 것이다.[5]

한편 이 같은 스킬더의 태도는 1926년에 자유대학의 교수가 된 폴렌호펀(D. H. Th. Vollenhoven)이나 도예베르트(H. Dooyeweerd)와도 거리를 두는 것이었다. 당시 그들은 카이퍼의 고정된 관점과 변증법적 신학이 신학계 전반에 가져다 준 논리적 문제를 종합하면서 학문에 있어서 개혁주의 기초를 새롭게 하려고 시도하였다. 이에 대해 스킬더는 1933년 「개혁」에 발표한 글에서 그 같은 시도들을 '꾸며낸 이야기의 세계'에 머무는 작업들이라고 평가하였다. 이제 더 이상 존재하지 않는 현실을 두고 논쟁하고 토론하는 것은 큰 유익이 없다는 것이었다.

스킬더는 카이퍼의 유산 자체를 너무 절대화해서 그가 남긴 개념과 개혁주의 기초를 계속해서 고집하려는 시도는 현재 제기되는 사회문화적 과제에 대한 신학적 작업을 어렵게 할 뿐이라고 보았다. 신앙고백은 역사적 자료로 존중해야 하지만 끊임없이 구체적인 삶과 문화라는 교회의 실제적인 씨름에서 새롭게 그 빛을 드러나야 한다고 생각했다. 그래야만 고유한 개혁주의적 삶의 실재와 형태가 한 민족의 구체적인 삶 가운데 생명을 불어넣고 보존될 수 있을 것으로 보았다. 만일 그렇지 않고 카이퍼가 만든 개념 안에서만 맴돌게 되면 신앙고백이 주는 이런 생명력은 소진될 뿐 아니라 신앙고백의 진정성과도 일치하지 않을 것으로 생각했다.

(4) '해방'(vrijgemaakte)측

카이퍼와 신-칼빈주의의 유산에 대한 이 같은 그의 태도는 1930년대 네덜란드 개혁교회 안에서 큰 긴장을 불러일으켰다. 왜냐하면 카이퍼가 말한 '다원성'과 '일반은총'에 대한 스킬더의 응답들은 많은 사람들에게 마치 스킬더가 카이퍼를 부정하는 것처럼 보였기 때문이다. 결국 네덜란드 개혁교회의 1936년 암스텔담 총회에서 이 문제가 공식적으로 제기되었다. 그리고 카이퍼의 신학 서론적 논제들에 대해서 '가르침의 차이'를 확인하는 위원회가 세워졌다. 하지만 1940년에 독일이 네덜란드 지역을 점령하면서부터 총회에서는 신학적 차이에 대한 문제를 더 이상 다루지 말자는 주장들이 득세했다. 그 결과 1941년 총회에서 스킬더에 대한 출판물 금지 명령이 내려졌다. 이는 '가르침의 차이'를 해소하고 교회의 일치와 하나됨을 강제하기 위한 이유에서였다.

급기야 1942년에는 교리는 '강제적'으로 해명되어야 한다는 새로운 결정이 내려졌다. 총회가 신학적 논의에서 반론을 허용하지 않고 일방적으로 수용만 할 것을 명령한 것이었다. 1944년 3월, 2차 세계대전이 거의 막바지를 향하던 시점에 총회는 결국 스킬더를 치리했고, 8월에는 신학교 교수와 로테르담 교회의 은퇴목사로서의 직분에서도 제명시켰다. 네덜란드 개혁교회 역사상 신학 교수를 제명한 것은 이것이 최초였다. 그런데 이 당시 스킬더는 독일에 항거해 저항운동을 벌이면서 행방이 묘연한 상태였다. 결국 본인이 부재한 상태에서 이런 결정들이 일사천리로 진행되었던 것이다. 이로써 카이퍼가 피해자로서 당했던 것과 똑같은 일이 카이퍼의 후계자들에 의해 스킬더에게 일어나게 되었다.

한편 스킬더와 함께 이 같은 시벌의 부당함에 동의하던 자들은 그리스도 안에서의 자유를 위해 교회의 연합을 만들었다. 이 교회들은 새로운 교회 교단인 네덜란드 개혁교회(해방, vrijgemaakte)을 형성했다. 이 후 스킬더는 깜뻰에 세워진 또 다른 교단 신학교의 교수로서 봉직

하다가 1952년 갑작스럽게 세상을 떠났다.

2. 그리스도 중심주의

(1) 칼 바르트

그 해(1914년) 8월 초순은 적어도 나에게는 암흑의 날이었다. 빌헬름 2세의 전쟁선포에 대해서 93명의 독일 지식인들이 공식적으로 지지서명을 발표했는데, 이 지식인들 중에 이제까지 내가 숭앙해 왔던 신학스승들, 곧 하르낙(A. van Harnack), 제베르크(Reinhold Seeberg), 헤르만(Wilhelm Herrmann) 등이 있었다는 사실이 나를 더욱 경악케 했다. 이제 나는 더 이상 그들의 윤리학과 교의학, 성서해석과 역사관을 따르지 않기로 결심했고, 더욱이 19세기의 신학은 더 이상 장래를 기약할 수 없다는 점을 절감했다.

위의 글은 칼 바르트가 1차 세계대전이 일어나던 해를 회고하면서 쓴 글의 일부이다. 1차 세계대전의 발발과 그 전쟁에 대한 당대의 신학자들의 지지서명은 바르트의 신학을 극적으로 변화시켰다. 스위스의 한 작은 도시 쟈펜빌(Safenwil)에서 목회하던 칼 바르트는 당시 대세를 이루었던 자유주의 신학에 따라 기독교를 근대문화 그 자체로 이해하고 설교하였다. 그에게 당대의 문화, 철학, 종교, 계시, 역사는 모두 현존하는 기독교 자체와 독일제국을 통해서 현실화된 하나님 나라 그 자체였다.

이 같은 개념을 문화기독교라 부르는데, 이는 기독교와 당시의 역사, 문화를 동일시하는 것이었다. 즉 예수 그리스도는 역사 속에 나타난 계시의 모범으로서 반복되어 나타나야 하는 완성된 인간성 그 자체로 보는 것이다. 인간의 도덕성과 이성의 목적을 보편적으로 실현시킨 존재가 그리스도이시고, 이는 모든 인간들 속에 공통적으로 나타나야 하는 보편적으로 실현되어야 할 모델인 것이다. 따라서 모든 인간은 이런 이상을 실현할 수 있고 또 그런 인간을 통해서 건설된 역사와 문화 또한 실현된 하나님 나라의 종합이 되는 것이다. 그런데 당시 1차 세계대전을 지지한 신학자들은 모두 이 같은 문화기독교의 입장을 취했다. 전쟁을 수행하는 독일제국을 하나님 나라의 실현으로 보았던 것이다. 그러나 바르트만큼은 달랐다. 1차 세계대전은 그를 오히려 정반대의 길로 인도하였다. 즉 그는 현존하는 모든 문화에서 하나님을 발견할 수 없다고 규정하였다. 그 어떤 인간성이나 그 어떤 역사와 문화에서도 하나님은 발견될 수 없다는 것이었다.

> 구원의 복음은 그분 자신의 행위입니다. 그것은 모든 기적들 중의 기적입니다. 이 복음 안에서 하나님은 하나님 자신으로 알려지시는데, 그것은 알려지지 않는 분으로 우리에게 알려지는 것입니다. 가까이 가지 못할 빛에 거하시는 알 수 없고 인식될 수 없는 하나님(참조. 딤전 6:16), 곧 거룩하신 분, 창조주, 구속자이십니다. "너희가 알지 못하고 위하는 그것을 내가 너희에게 알게 하리라."(행 17:23) 부활에 의하여 그어진 경계선의 이편에 존재하는 것, 인간의 손에 의하여 만들어진 성전에 거하는 것들, 인간의 손에 의해 섬겨지는 것들, 이런 모든 신성한 것들, 곧 신성한 것을 안다고 믿는 그런 인간을 필요로 하는 신성한 것들은 하나님이 아닙니다. 하나님은 알려지지 아니한 분으로서 하나님이십니다.[6]

바르트는 19세 중후반을 지배했던 모든 문화기독교와 결별하였다. 특히 자유주의 신학의 진보적이고 낙관적인 하나님 나라 이해에 반대하였다. 오히려 그는 하나님의 나라는 지금까지 존재해 온 모든 가능성들 안에서 이루어지는 전진과 발전이 아니라고 보았다. 즉 하나님 나라는 세상의 문화, 역사, 철학, 인간성과 전적으로 무관하다. 따라서 하나님 나라는 기존의 것을 유지하지도 않는다. 물론, 공산혁명이 주장하듯이, 기존의 것을 파국적으로 끝장내지도 않는다. 이렇듯 하나님 나라는 이 세상성 안에 있는 그 어떤 존재에서도 찾을 수 없다. 그렇다면 하나님 나라는 어디에서 찾을 수 있는가?

바르트는 오직 그리스도 안에서만 하나님 나라를 발견할 수 있다고 보았다. "예수는 그리스도로서 우리에게 알려지지 않은 왕국이지만 오직 위로부터 수직적으로 우리 안에 뚫고 들어와서 우리에게 알려진다."[7] 바르트의 '그리스도 중심' 신학은 모든 신적인 것, 하나님 나라의 가능성을 오직 그리스도에게서만 찾는 것이다. "하나님의 나라는 그리스도 안에서 창조되는 새로운 삶의 가능성, 그 안에서 이루어지는 새로운 창조이다. 그 나라는 그리스도의 고난으로 인해 가능해졌고 그의 부활로 인해 현실화되었다. 즉 하나님 나라는 그리스도 안에서 가까이 왔다." 바르트가 작성한 것으로 알려진 〈바르멘 선언〉(1934)은 당시 독일 나치의 지배를 반대하는 신학자와 목사들이 중심이 되어서 작성되었다. 여기서도 바르트가 견지한 그리스도 중심주의가 그대로 드러난다.

> 성서에서 증언된 예수 그리스도께서는 우리가 들어가야 하며 사나 죽으나 신뢰하고 복종해야 할 하나님의 유일한 말씀이다. 우리는 마치 교회가 그 선포의 원천으로서 이 유일한 하나님의 말씀 이외에, 그리고 그와 나란히 다른 사건들, 권세들, 형상들, 및 진리들도 하나님의 계시로서 인정할 수 있고 인정해야 하는 것처럼 가르치는 그릇된 설교들을 배격한다.
> _〈바르멘 선언〉 중에서

바르트는 기독교와 문화, 역사, 국가를 동일시했던 당시의 자유주의를 반대하기 위해서 상당히 극단적인 입장을 취한 결과 기독교와 문화의 연관성에 대해 부정적일 수밖에 없었다.

(2) 스킬더와 네덜란드의 바르트주의자들

스킬더의 생애에서 바르트 신학과의 씨름은 상당히 중요한 부분 중의 하나였다. 특히 스킬더는 네덜란드 내의 바르트주의자들인 미스꼬뜨(K. H. Miskotte) 등과 직간접적으로 논쟁했는데, 메이어링(E. P. Meijering)은 이같이 스킬더가 행한 바르트의 비판을 미국의 칼빈주의자 반 틸이 행한 것에 비유하기도 하였다. 그런데 스킬더가 바르트 신학에 대해서 일관되게 비판한 것은 사실이지만, 반 틸과 비교하는 것은 보다 구체적이고 치밀한 논리 구조를 요구한다.

스킬더는 독일 에르랑엔에서 취득한 박사학위 논문에서부터 바르트 신학에 대해 비판적이었다.[8] 스킬더가 바르트 신학에 대해 비판적이었던 이유는 바르트의 변증법적인 방법론이 하나님의 초월과 내재의 문제를 정당하게 다루지 못하고 있다고 판단했기 때문이다. 즉 칼빈이나 전통적인 개혁주의 신앙고백에 나타난 하나님의 구체적인 임재하심을 바르트가 변증법적으로 부정했기 때문이다. 또한 바르트는 하나님을 지극히 거룩하신 분으로 보는 반면, 비천하고 통회하는 자들과 함께하시는 하나님에 대해서는 소홀히 다룰 수밖에 없다고 스킬더는 지적하였다.

스킬더는 깜뻔 신학교 교의학 교수로 취임하는 연설에서 '1834-54'(깜뻔 신학교를 설립한 '분리' 운동의 신앙고백적인 신학)과 '1934'(칼 바르트의 신학)를 비교, 대조하였다. 특히 바르트주의에 내재된 실존철학은 개혁주의 신앙고백과 정면으로 대비된다. 바르트는 하나님만이 중심이 되는 신학(THEOlogie)에 몰두하였기 때문에, 고가르텐(Gogarten)이 인간론 등을 신학적인 관점에서 다루고자 했을 때, 바르트는 그것을 자연신학으로 치부해버렸던 것이다.[9]

바르트는 객관-주관의 문제에서도 고가르텐에게 지적을 받았는데, 곧 바르트는 '주관'의 가능성을 부인하면서 하나님과 사람 사이에는 어떤 연속성도 존재하지 않는다고 주장했다는 것이다. 따라서 계시를 이해하는 것도 부인되었다. 또한 바르트는 하나님 자신(Gott an sich)과 우리를 위하시는 하나님(Gott für uns)를 구분하였는데, 이에 대해 스킬더는 취임 연설에서 하나님의 계시의 실재성은 삶 속에서 발견되어야 하고, 하나님 자신은 우리를 위하시는 하나님으로 고백되어야 한다는 점을 강조하였다. 나아가 그는 바르트가 가진 변증법적 신학을 포기할 때만이 개혁주의 신학이 가지고 있는 이런 정당한 역사적 관점을 확보할 수 있다고 믿었다.

> 하나님은 두 개의 세계를 창조하시지 않으셨다. 모든 세계를 하나님 자신의 언약 아래에 두신다.(중략) 그리스도인들은 이렇게 말한다. 두 개의 분리

된 세계, 곧 실재적인 위의 세계(bovenwereld)와 모든 것이 단지 부차적으로 반영될 뿐인 아래의 세계(benedenwereld)가 있지 않다. 하나님이 만약 아래(beneden)에 거하시고 위로부터 오신다고 한다면, 그리고 아래에서 나와 함께 동행하신다고 한다면, 하나님에 대해서 말하는 바로 그 말씀 안에서만 나의 모든 힘을 집중할 것이다. 그리고 그의 말씀은 나를 통과해서 지나가는 천둥이 아니라 나의 인간적인 존재 그 자체에 뿌려지는 씨앗이다. 말씀은 열매를 맺는 토양이며 열린 길이다.[10]

결과적으로 기독교와 문화의 관계에 대해서 바르트는 그들 사이에 있는 모든 연속성과 연관성을 부인하는 쪽에 강조점을 두었다. 물론 이것은 그가 당시 자유주의 신학에 반대하기 위한 것이었기 때문에 어느 정도 정당성을 가지는 것이 사실이다. 앞서 언급한 것처럼, 『로마서 강해』를 쓰기 이전에는 바르트 자신부터가 현존하는 역사, 사상, 문화, 인간성 등을 철저하게 긍정하던 시대정신 속에 있었다. 이런 상황에서 바르트는 당시의 시대정신에 전적으로 반대해야 한다는 필요를 절감하였고, 이를 신학적 작업으로 승화했던 것이다.

그럼에도 불구하고 바르트는 이 작업을 신앙고백의 관점에서 일관되게 추구하지 못하였다는 점에서 스킬더와 구별된다. 네덜란드의 바르트주의자인 판 민넌(J. M. van Minnen)도 스킬더의 지적에 어느 정도 공감한다. 특히 그는 스킬더가 바르트 신학이 교회의 세속화를 도외시하고, 하나님의 주권이 삶의 모든 영역에 있다는 점을 정당하게 다루지 못하였음을 지적했다고 파악했다.[11]

1930년대의 독일과 네덜란드는 히틀러의 파시즘을 경험하고 있었다. 후에 나찌에 대항하여 레지스탕스에 가담하기도 했던 스킬더는 바르트의 신학이 간접적으로 이 같은 파시즘의 출현에 책임이 있다고 보았다. 왜냐하면 네덜란드에서 바르트를 받아들인 바르트주의자들은 문화기독교를 극단적으로 부인하면서 기독교와 문화, 국가, 역사의 연속성에 대해 비관적으로 보았기 때문이다. 결국 이런 관점들은 반혁명당 내부의 구체적인 논쟁에도 영향을 미쳤다. 이에 대해 스킬더는 네덜란드의 바르트주의자들처럼 기독교적 정치가 불가능하다고 보는 것은 결과적으로 많은 사람들이 정당한 방법을 상실하고 파시즘을 용인하게 되는 결과를 낳게 될 것이라고 우려하였다.

한편 1930년대 네덜란드에서는 나찌와 같이 정치적인 색을 가진 국가사회주의 운동(NSB)이 세력을 넓혀가고 있었다. 그들은 1935년 선거에서 8%를 득표하는 성과를 거두기도 했다. 어떤 그리스도인들은 이 정당을 기독교 정당으로 받아들이기까지 했다. 이에 대해 스킬더는 이 정당이 가진 유일한 기독교적인 색채는 비-유대교적이라는 것뿐임을 부각시키면서 그 위험성을 지적하였다.[12]

스킬더는 1933년에 반혁명당 모임에서 한 연설을 발전시켜 여섯 번에 걸쳐 논문을 연재하였다. 그 중에서 "위기에 빠진 기독교적 정치"라는 제목으로 스탄다르트(De Standaard)에 실린 논문은 바르트에게 큰 영향을 받았던 뷰스커스(J. J. Buskes, 1899-1980)와 편지 교환을 통한 논쟁으로 이어지기도 했다. 당시 스킬더는 많은 청년들이 반혁명당과 결별하고 나찌에 동조하는 파시즘 정당으로 옮겨가는 것, 그리고 그들 가운데 파시즘 정당과 결별하더라도 다시 반혁명당으로 돌아오는 수가 극소수에 불과하다는 것에 주목했다. 그는 이들 젊은이들이 칼빈주의 동맹(Calvinistenbond) 등과 같은 조직에 속해서 바르트의 영향을 크게 받았기 때문에, 반혁명당을 중심으로 하는 기독교 정당을 선호하지 않고, 파시즘 정당으로 옮겨가거나 혹은 파시즘 정당을 떠나서도 기독교 정당인 반혁명당에 복귀하지 않는 것이라고 주장했다. 스킬더는 여섯 번째 마지막 논문에서 이런 생각을 좀 더 강하게 표현했다.

> 나는 과거에 그들 중에서(바르트의 영향을 받은 젊은이들, KJY) 많은 사람들이 기독교 정치가 가능하고 절실하게 요청된다는 확신을 가졌다는 사실에 주목하였다. 그러나 그들이 한 번 이 확신을 상실했을 때, 순수하게 하나님의 말씀을 듣고자 하는 것을 잃어버렸을 때, 그들은 오늘날 이야기되는 파시즘이라고 하는 이름에 너무나도 쉽게 그리고 매우 빈곤한 모습으로 반응하기 시작했다. 바르트의 생각은 (결과적으로) 젊은이들을 파시즘으로 인도했는데 비기독교적인 정치라는 것은 결국 국가적, 민족적 정치를 옹호하는 것밖에 되지 않기 때문이다.[13]

스킬더는 바르트가 파시즘에 대항했다는 사실을 잘 알고 있었다. 그러나 바르트는 이를 기독교적인 정치와 연결시키지 않았다. 결국 그의 저항에는 원리적인 토대가 없었다. 단지 바르트에게서 정치와 신앙은 두 개의 동떨어진, 서로 전혀 관여하지 않는 두 개의 큰 세계였을 뿐이다. 이처럼 기독교를 탈정치화시키는 신학적인 틀이 결과적으로 사람들을 파시즘에 빠져 방황하게 만들거나 혹은 기독교적 정치로 돌아오지 못하도록 하는 원인이 되었다고 스킬더는 생각했다. 그는 개혁주의 신앙고백의 일관성에 기초한 노력들만이 기독교적 정치를 가능하게 하는 유일한 가능성이라고 주장했다.

1936년 네덜란드 개혁교회 총회에서 행한 연설에서 스킬더는 카이퍼의 "우리 인간의 삶의 모든 영역에서 만물의 주재이신 그리스도께서 '내 것'이라 주장하지 않으시는 영역은 단 한치도 없다."는 문장을 인용했다[14]. 이는 자칫 바르트주의가 확대되고 있는 국가사회주의 운동 앞에서 탈정치와 사회에 대한 무관심을 조장할 수 있는 우려에 대한 경고였다. 물론 바르트주의자들이 직접적으로 국가사회주의 운동을 지지한 것은 아니다.

다만 그들의 문화기독교에 대한 반감이 간접적으로 국가사회주의 운동의 침투와 확산에 아무런 대처를 못하게 만들었을 가능성이 있다는 것이다. 이런 점에서 스킬더의 바르트 비판은 독일의 상황에 기초한 것이라기보다는 네덜란드 개혁교회와 반혁명당의 사회적, 국가적 참여를 염두에 둔 것이었다고 볼 수 있다.

이런 스킬더의 비판에 대해 네덜란드의 바르트주의자들은 바르트의 신학이 오히려 더 적극적인 사회참여의 의미를 가질 수 있다고 주장했다. 바르트가 몸담았던 당시 독일의 상황을 놓고 보면 이렇게 주장하는 것도 무리는 아니었다. 바르트는 본(Bonn) 대학에서 가르치면서 1931년 5월, 독일 사회민주당(SPD)에 가입했다. 그는 파시즘을 하나의 종교로 규정하고, 기독교가 거기에 적응하려는 유혹에 빠져들고 있음을 경고했다. 1933년 1월 30일에 히틀러가 권력을 장악하고 독일 국민들이 그를 우상으로 경배하기 시작하자, 바르트의 태도는 보다 적극적인 반대로 나아갔다.

바르트는 1934년 5월 31일에 채택된 〈바르멘 신학선언〉을 기초하는 작업에 결정적인 역할을 했다. 그 후 히틀러에 대한 충성 맹세에 서약하기를 거부했다는 이유로 바르트는 교수직에서 해직되어 1935년 2월에 학생들에게 고별사를 남기고 강단을 떠났다. 바르트의 삶의 여정 자체만을 두고 말하면, 바르트가 파시즘을 적극적으로 반대했다는 것은 분명하다. 이를 근거로 네덜란드의 바르트주의자들은 이른바 '독일(국가) 기독교'(German Christians)에 저항하며 히틀러에 대한 맹세를 거부하고 본 대학의 교수자리를 잃어버린 바르트를 스킬더가 부당하게 평가하고 있다고 생각했다. 바르트주의자들은 오히려 문화에의 의지, 통치에의 의지를 함축하는 스킬더에게서 당시 독일(국가) 기독교보다 더 악화된 모습을 발견한다고 비판하기까지 했다.

문화기독교의 색채를 가진 자유주의 신학이 국가교회 그리고 나찌와 같은 독재적인 국가사회주의 정치와 결합되어 있었던 독일에서 바르트의 길은 탈-정치, 탈-문화, 곧 부정을 통한 저항을 의미하였다. 그러나 네덜란드의 상황은 이와 달랐다. 먼저 국가의 통치가 나찌와 같은 국가사회주의 정당에 의해서 장악된 것이 아니었다. 오히려 네덜란드 개혁교회의 사회, 문화적인 사상을 실현하는 반혁명당이 존재했고, 이 정당을 통해서 교회의 적극적인 사회, 문화적 개입의 길이 열려 있었다. 더군다나 그들에게는 기독교적 정치의 적극적인 가능성을 모색하면서 파시즘은 물론 여전히 존재하는 프랑스 혁명의 현대정신에 대항하는 새롭고 적극적인 응답이 요구되고 있었다.

결론적으로 네덜란드의 바르트주의자들이 바르트를 옹호한 것은 어느 정도 의미가 있는 것이 사실이지만, 네덜란드의 독특한 상황에서 바르트의 신학과 문화관 자체를 있는 그대로 수용하고 적용하는 것은 오히려 교회의 적극적인 사명을 약화시키는 결과를 가져올 수도 있다는 스킬더의 염려와 지적도 일리가 있는 것이었다.

(3) 그리스도 중심주의

스킬더가 개혁주의 신앙고백의 입장에서 그리고 네덜란드 개혁교회의 사회, 문화, 정치적 입장에서 바르트 신학에 대해 경계하긴 했지만, 바르트와 스킬더 사이에는 적지 않은 공통점도 있었다. 그들은 모두 1차 세계대전이 던져준 신학적 과제에 민감하게 반응하였다.

바르트는 당시 독일의 문화기독교가 결과적으로 전쟁과 국가사회주의를 지지하는 것을 보고 그들과 완전히 결별하였다. 그리고는 국가와 국가교회, 국가사회주의 등을 통해서 강력해져가는 독일제국이 역사의 최절정에 있는 것이 아니라 사실 그것은 역사의 파국이고 하나님 나라와 전혀 무관하다는 것을 신학으로 표현하였다.

스킬더 역시 처음에는 전면적으로 비판하지 않았지만, 점차 카이퍼가 주장한 일반은총론이 가지는 문제점을 의식하기 시작했다. 그리고 하나님의 일반은총에 의해서 직선적으로 진보하고 발전해가는 것에 도취되어 있던 당시 기독교와 개혁교회에 그렇지 않은 파국적인 측면을 어떻게 신학적으로 표현할 것인가를 고민했다.

이런 점에서 스킬더와 바르트는 모두 일반적인 차원에서 사람과 사람이 가진 가능성에서 출발하는 신학을 부정하는 한편, 모든 가능성은 다른 방향, 곧 하나님의 계시인 예수 그리스도에서 찾아야 한다는 점을 공유했다. 한 마디로 그들은 그리스도 중심주의를 매우 강력하게 주장했던 것이다. 차이점이 있다면, 바르트는 당시의 문화기독교를 반대해서 그리스도 밖에서는 어떤 하나님 나라의 흔적이나 하나님 계시의 내용도 찾아볼 수 없다는 점을 강조한 반면, 스킬더는 좀 더 전통적인 신앙고백의 관점에서 그리스도 중심주의를 말했다는 것이다.

스킬더는 1930년에 출간이 완결된 『고난 중에 계신 그리스도』(*Christus in Zijn lijden*) 3부작에서 개혁주의적 석의와 교의학의 조합을 잘 보여주었다. 원래 이 작업은 그리스도이신 예수를 중심에 두고 교회력에 따라 진행된 설교를 모은 것으로, 모범적 또는 도덕적인 설교 방식의 성경해석을 멀리하면서 그리스도의 신성과 인성의 하나 됨, 그리스도의 실제적인 고난과 순종, 삼중직의 일치성 등을 강조하였다.

또한 바르트가 보여준 그리스도 중심주의는 여전히 하나님 편에서, 위로부터 오는 유일한 계시로서의 그리스도가 부각되었다. 때문에 예수 그리스도의 실재적이고 구체적인 낮아지심, 참된 인성과 같은 부분이 약화되는 측면이 있다. 이에 반해 스킬더는 그리스도의 고난의 문제를 전통적인 신앙고백을 따라 다루면서 고난을 통해

나타난 그리스도의 구체적인 실재성을 보다 강조하였다

스킬더의 그리스도 중심적인 또 다른 저작으로는 『그리스도와 문화』(*Christus en cultuur*)가 있다. 이 작품은 크게 두 부분으로 나누어지는데, 여기서 주목하고자 하는 것은 첫 번째 부분이다. 여기서 스킬더는 문화 혹은 문화적인 삶이 왜 그리스도와 연관되는가 하는 근본적인 질문을 다룬다. 스킬더가 보기에 이에 대한 대답으로 카이퍼가 사용한 '영역주권'이라는 용어는 여러 가지 점에서 애매모호하였다. 사실 카이퍼는 '칼빈주의' 강연에서는 '문화'라는 용어자체를 쓰지 않았다. 칼빈주의와 역사, 종교, 정치, 학문, 예술, 미래의 관계성을 다루긴 했지만, '문화' 자체를 다루지는 않았다.

따라서 스킬더는 각각의 삶의 영역들이 자신만의 주권들을 가진다는 것과 그 고유한 주권들이 무엇을 의미하는지에 대해서는 카이퍼 자신도 대답하기 힘들 것이라고 지적했다. 그래서 그는 '영역주권' 대신 '그리스도와 문화(적인 삶)'라는 용어가 더 적합하다고 보았다. 성경의 기초는 오직 하나님의 계시인 예수 그리스도 안에서만 알려지고 또 알 수 있기 때문이다.

스킬더는 '기독교와 문화'라는 틀은 '기독교'라는 용어가 주는 비규범적 성격 때문에 부적합하다고 보았다.

즉 '기독교'라는 용어는 그것이 어떤 신앙고백과 신앙의 경험을 기초로 하는지 큰 스펙트럼이 너무 넓다는 것이었다. 또한 '예수와 문화'라는 용어 역시 적합하지 않다고 보았는데, 이는 '예수'라는 이름이 단지 역사적인 인물인 예수를 표현할 뿐이기 때문이었다. 스킬더는 단지 역사적인 인물로서가 아니라 그를 받아들이는 믿음의 표현이 담겨 있는 명칭이 필요하다고 보았다.

스킬더는 결국 '그리스도와 문화'라는 용어만이 이 주제를 다루는 정당한 방법이라고 생각했다. 예수를 한 시대에 제한되는 역사적 인물이라는 측면에서 보지 않고 이제까지 말씀하셨고 또 지금도 여전히 말씀하시는 예수 그리스도로서, 지금 현재 반드시 듣고 순종해야 하는 존재로서 받아들여야 한다는 것이었다.[15]

이에 대해 스킬더는 말하기를, "'예수'는 그분이 구주가 되시기 위해 오신 분임을 가리키는 이름이다. 그분의 직분의 본질은 구원하는데 있다. 그러나 그분은 단지 예수가 아니라 '그리스도'이시다. 예수 그리스도라는 직함은 그분이 하나님에 의해 구주로 공식적으로 임명되셨음을 뜻한다."[16]고 했다. 이는 곧 일차적으로 예수를 구주로 신앙하고 받아들이는 것에서 그리고 예수가 그리스도, 곧 지금 현재도 삼중직을 통해서 일하시기 때문에 귀 기울이고 순종해야 하는 분으로 믿는 신앙고백이 가장 먼저 전제되어야 한다는 것이었다.

카이퍼 역시 이 세상의 어느 한 치도 그리스도의 주권 아래 있지 않은 곳이 없다고 분명하게 확신했다. 그 또한 그리스도 중심주의의 관점을 동일하게 가진 것이었다. 그러나 동일한 예수 그리스도가 어떤 역할을 하는 존재인가 하는 점에서는 스킬더와 카이퍼 사이에 거리가 있었다. 즉 스킬더는 인간의 근본적인 '죄'에서 구원할 예수 그리스도를 더 분명하게 강조했다. 고재수는 이런 차이를 다음과 같이 직접적으로 묘사했다.

> 카이퍼와 스킬더는 문화에 관해서 말할 때 예수 그리스와 더불어 시작할지라도, 그리스도께서 문화에 대해서 지니시는 의미에 대해서는 서로 견해가 다르다. 카이퍼는 예수 그리스도를 그리스-로마 문화에 자신의 특별한 은혜를 부어주시는 구주로, 즉 문화의 구주로 바라본다. 그러나 스킬더는 예수 그리스도를 인간의 구주로 바라본다. 그분은 많은 사람들을 구원하는 일을 하신다. 이 사역은 불순종하는 사람들을 다시금 그들의 문화적인 활동에서 하나님을 섬기는 사람들로 만드는 일을 포함한다.[17]

이런 의미에서 스킬더는 '그리스도와 문화'라는 틀이 이 주제를 설명하는 가장 유효한 것이라고 보았다.

결론적으로 카이퍼, 스킬더, 바르트는 모두 그리스도 중심주의를 말하고 있지만, 그들 사이에 강조점이 모두 다르다고 하겠다. 먼저 스킬더와 바르트는 카이퍼가 말한 일반은총의 가능성보다는 특별은총 안에서의 의미를 찾고자 하였다. 그러나 바르트는 그리스도가 문화에 대해서 가지는 의미를 너무 축소시켜 버린 반면, 스킬더는 이 관계성을 보다 적극적으로 밀고 나갔다. 그러나 카이퍼가 말하는 문화의 구주가 아닌 철저하게 죄인을 구원하시고 지금도 삼중직을 행하시는 예수 그리스도를 강조했다.

(4) 창조신학

바르트와 스킬더의 분명한 차이는 창조와 구속의 관계에서 나타난다. 즉 스킬더는 하나님이 에덴에서 사람에 대한 목적을 시험적으로 계시하신 것에서부터 우리가 타락했으나 하나님은 그리스도 안에서 믿는 자들에게 이 타락을 무효화시키셨다고 보았다. 곧 타락 이전에는 죄가 없는 상태였고 그리스도께서는 바로 이 최초의 상태로 우리를 되돌리셨다는 것이다. 이런 점에서 스킬더는 카이퍼와 바빙크의 노선을 따르면서 창조와 재창조의 연속성을 강조했다. 그러나 바르트는 창조주와 피조물의 절대적인 질적인 구분을 강조했기 때문에 언제나 '선한' 창조에서가 아니라 그리스도 안에서의 하나님의 계시에서 출발해야 했다. 이렇듯 하나님을 그리스도 안에서 보는 바르트는 창조 전체에 대해서 언제나 비판적일 수밖에 없었다.[18]

3. 타락을 비관하고 창조를 긍정하다.

창조와 구속의 연속성을 강하게 주장한다는 점에서 스킬더는 여전히 카이퍼와 깊은 연관을 가진다. 즉 큰 테두리에서 보자면 스킬더 역시 카이퍼가 주장한 신칼빈주의 노선에 서 있다고 할 수 있다. 하지만 스킬더는 카이퍼에게서 부족했던 점들을 보다 창조적으로 보완하고 독자화해서 교회와 문화사명에 대해 좀 더 깊은 수준의 이해에 도달했다고 말할 수 있다. 이런 점에서 스킬더는 카이퍼를 비판적으로 수용했다고 할 수 있다.

스킬더는 카이퍼의 일반은총에 대해 비판적인 입장을 견지했다. 그는 성경적, 신앙고백적, 조직신학적 맥락에서 카이퍼가 말한 일반은총의 약점들을 지적하는데,[19] 특히 타락 이후의 상태에서 이루어진 불신자의 문화적 성취를 (일반)'은총' 혹은 '은혜'라고 규정할 수 있는가 하는 문제를 제기했다. 또한 카이퍼는 은혜의 측면에서보다는 타락 후에 우리에게 남아 있는 무언가에서 찾으려는 경향이 있다고 날카롭게 비판했다. 이런 점에서 스킬더는 인간의 죄와 타락을 교의학적으로나 실천적으로 매우 심각하게 받아들였다.

(1) 일반은총과 일반저주

스킬더는 아우구스티누스-펠라기우스 논쟁과 도르트 신경-알미니안주의 논쟁을 설명하면서 카이퍼가 '일반은총'에서 말하는 '은총' 혹은 '은혜'(gratie) 개념이 정확하지 못하다고 주장했다. 카이퍼는 '자연적인 은사들 혹은 선물들'을 은혜로 표현하고 있는데, 이것은 펠라기우스나 알미니우스를 반대했던 아우구스티누스나 도르트 신경과 일치하지 않는 것이었다. 자연의 빛, 자연적인 천성들, 인간에게 남아 있는 하나님의 형상됨의 자질들을 하나님의 '은혜'로 규정하는 것은 개혁주의 신앙고백의 노선이 아니라 정반대 진영에 있었던 사람들의 논리였다고 스킬더는 반박했다.[20]

그래서 스킬더는 카이퍼가 말하는 '일반은총'이 인간 중심적인 관점을 가지고 있다고 비판했다. 왜냐하면 일반은총은 타락 후에도 여전히 인간의 삶이 보전되고 문명이 발전하고 사회의 진보가 있다는 사실에 근거하기 때문이었다. 그런데 이는 원래 인류가 타락함으로써 받아야했던 지옥의 형벌과 비교할 경우 상당히 고무적인 것이었다. 비록 최상은 아니지만 상당한 수준의 높은 상태였다. 하지만 하나님의 관점에서 보자면, 타락 이전에는 하나님의 자기 계시의 빛이 전혀 방해되지 않고 빛났지만, 타락 이후에는 그것이 완전히 어두워진 상태가 되었다. 이 빛은 종말의 때에야 비로소 다시 완전하게 빛날 것이다. 그렇게 보자면 지금 우리가 처해 있는 시간은 결코 긍정적인 상태가 아니다. 과연 지옥과 다를 바가 무엇인가![21]

이런 점에서 스킬더는 타락 이후의 죄와 그 상태에 대해서 카이퍼보다 훨씬 더 비관적이었다. 카이퍼는 자신의 시대적 경험에 비추어 볼 때 일반은총을 언급할만한 시대를 살았다고 할 수 있다. 그러나 이 후 30년 이상의 시간이 흘러간 사회에서는 더 이상 은총을 말하기 어려운 부정적이고 어두운 현실들로만 가득했다. 스킬더는 이 같이 카이퍼와 완전히 다른 시대적 분위기에서 씨름하였기 때문에 기독교 진리의 다른 부분을 보게 되었던 것이다. 그러나 비단 이런 시대적 현상을 차치하고서라도 스킬더는 인간의 타락과 죄에 대한 분명한 의식이 개혁주의 신앙의 중요한 기둥임을 잘 알고 있었다. 인간과 인간이 만들어 낸 모든 것들 가운데 녹아있는 죄에 대해 분명하게 자각하고 있었기 때문에 스킬더는 카이퍼가 말하는 '일반은총'이 반대로 '일반저주'가 될 수도 있다고 날카롭게 지적하였다.

(2) 인류의 타락과 문화

아담의 타락과 하나님의 심판과 저주에 대한 신학적 내용은 문화를 이해하는데도 영향을 미친다. 죄와 그것이 만들어 내는 결과들을 심각하게 고려한다면, 우리는 삶의 모든 영역, 곧 문화에 대해서 절대 긍정적일 수 없다. 하나님의 피조세계 모두를 하나님의 '은혜'의 결과물들로만 받아들일 수는 없는 것이다. 그렇다면 존재하는 모든 피조세계와 인간의 삶의 총체인 문화에 대해서 다만 예수님의 재림만을 기다려야 하는 것인가? 여기에 대해서 스킬더가 생각하는 해결책은 어떤 것인가? 스킬더는 철저하게 예수 그리스도를 중심으로 생각해야 한다는 점을 강조했다. 즉 그리스도 안에서 주어지는 구원에서 출발해야 한다는 것이었다. 그리고 그리스도 안에서 주어진 구원의 구체적인 터인 교회 안에 살면서 구체적인 구원 안에 머무는 것이 일차적인 것이라고 보았다. 물론 그렇다고 해서 이런 신앙적인 영역에만 함몰되어서는 안 된다.

결론적으로 카이퍼가 타락 이후의 역사를 일반은총의 출발점으로 보았기 때문에 타락 이후에도 여전히 존재하는 '일반은총'을 중심으로 문화의 문제를 생각했다면, 스킬더는 그리스도를 중심에 두고 그리스도 안에서 구원받고 회복된 인간은 타락 이전의 원초적인 상태로 올라가 거기서 문화의 의미를 발견해야 한다고 생각했다고 할 수 있다.

> 오직 타락 이후에 나에게 무엇이 들이닥쳤는가를 생각하는 것과 타락 이전에 있었던 상태에 대해서 주목하고 그 상태로부터 무엇이 지속적으로 유지되고 있는가를 생각하는 것 사이에 딜레마가 있다면, 나는 후자를 택할 것이다. 하나님께서 자신의 말씀 속에서 나누어주신 바로 그 상태에 대해서 말이다. 곧 예수님께서 산상보훈과 마태복음 19장에서 말씀하신 결혼에 대한 내용처럼, 원초적인 상태에 있었던

모든 일들에 대한 내용, 처음, 첫 번째, 원천적으로 세상의 기초가 놓일 때 하나님과 사람 사이에 있었던 관계로 돌아가는 것을 통해서이다.[22]

스킬더는 카이퍼의 일반은총 개념이 타락 이후의 현상에 주목하고 거기에서 출발했기 때문에 타락이 가져다 준 결과를 심각하게 고려하지 못하고 타락 이전으로 더 거슬러 올라가지 못한다고 지적했다. 한편 그는 선한 창조 자체의 역사성과 의미를 매우 강조하고 비록 짧은 본문들이지만 (창세기 3장의 타락 이전에 나타나는 본문들) 그것을 분석하는 일을 매우 의미있게 수행했다.[23] 더불어 그리스도가 감당하신 직분에서 타락 이전의 인간에게 주어진 원초적 사명을 발견하고 동시에 그 사명이 오직 그리스도 안에서만 회복될 수 있음도 강조했다.[24] 스킬더는 이런 모든 관심을 '문화명령'이라는 개념을 통해서 표현했다.

4. 직분으로서의 문화명령

(1) 문화명령의 의미

스킬더는 카이퍼가 사용한 일반은총 대신에 '일반명령', '일반소명' 혹은 '일반사명'을 사용해야 한다고 보았다. 이는 타락 이전에 이미 주어진 것이다. 즉 사람을 창조하신 하나님이 사람과 언약을 맺으실 때, 그 언약이 직분으로 구체화되었다는 것이다. 모든 피조물은 하나님의 일을 이루는 일에서 한 부분을 맡는 어떤 '직무'(officium)를 가지게 되는데, 사람의 경우에는 이 직무가 '직분'(ambt, office)이 되었다.[25] 스킬더는 여기서 받은 직분을 '문화'와 연결시켰다. 왜냐하면 창조주는 '문화'에 관심을 가지며, 땅을 경작하고 돌보는 것이 문화활동이기 때문이다(창 2:15).[26]

스킬더가 말하는 문화의 정의는 매우 길고 복잡한데, 이를 세 가지 정도로 정리하면 다음과 같다. 첫째, 문화는 이 세상에서 이루어야 할 사역의 총합으로, 현대사회에서 말하는 예술이나 학문뿐만 아니라 이 땅에서 수행되는 모든 유형의 노동을 포괄한다. 둘째, 문화명령은 계발해야 함을 함축하고 있는데, 선하게 창조된 세상은 완전히 발전된 형태로 창조되지 않았기 때문이다. 셋째, 문

화명령은 모든 인류의 의무이다.[27]

하나님께 불순종하는 자들은 하나님을 섬기기 위해서가 아니라 하나님께 저항하기 위해서 일한다. 타락은 종교와 문화를 분리시켰고, 인간이 가진 하나님에 대한 사랑을 하나님 자신이 아니라 하나님에게서 멀어져 버린 피조물을 향하게 만들었다. 따라서 타락 이후에도 여전히 문화는 존재하지만 이는 은혜가 아니라 단지 자연일 뿐이다. 경건하게 하나님을 경외하면서 먹고 마시고 아이를 낳는 것은 은혜이지만 그렇지 않는 것은 '저주'이다. 이 점에서 스킬더는 일반은총을 비판하면서 신앙의 문화활동과 불신앙의 문화활동 사이의 대립(antithesis)을 주장했다.[28]

(2) 그리스도의 직분과 문화명령

두 번째 아담인 그리스도는 역사로부터 처음에 주어진 원리들로 향한다. 그는 하나님 앞에서 그의 직분을 수행함으로써 창조의 기초로 돌아가는 엄청난 혁신 작업을 시작하셨다. '예수님'은 카이퍼가 암시하는 문화의 구주가 아니라 인간의 구주이시다. 구원을 위한 직분을 수행하시는 분이시다. 그러나 그분은 동시에 '그리스도'이시다. 따라서 불순종하는 많은 죄인들을 순종하는 하나님의 백성으로 만드시고 나아가 완전하지는 않지만 하나님께 순종하는 문화활동을 통해서 참된 주인이신 하나님께 영광을 돌리도록 새롭게 하신다. 하여 문화명령의 성격을 알기 위해서는 먼저 그리스도의 직분을 알아야 한다. 그리스도의 직분은 고난과 죽음이며 또한 둘째 아담으로서 중보자이다. 이런 직분으로 그리스도는 살려주는 영이신 성령으로부터 인간 공동체를 만들어 내신다.

예수님은 둘째 아담으로서 첫째 아담인 인류 전체의 시작을 그분 안에 담고 계신다. 또한 역사의 중심으로서 직분자이시기도 하다. 그래서 첫째 아담의 모든 직분을 다 자신 안에 품으신다. 그럼으로써 원래 첫째 아담이 가진 모든 일들을 가능하게 만드신다. 직분자로서 예수님이 하시는 일은 두 가지인데, 첫째는 하나님의 진노를 자신의 한 몸에 받으셔서 이를 중보하시는 것이다. 이로써 역사의 한 가운데서 모든 것을 새롭게 하시는데, 이는 그의 보혈의 피로 이루어진다. 둘째는 풍성하신 성령의 능력으로 세상을 풍요롭게 하시고 문화사명을 다하도록 하시는 것이다. 그럼으로써 역사의 중심에서 역사의 마지막이 되신다.

이 같은 그리스도의 직분을 통해서 완전히 타락한 세상에서도 원래의 순수한 인간성이 조금씩 빛을 발하기 시작하는 것이다. 처음에는 이 빛이 감추어져 있었지만, 예수님의 승천 이후에는 점점 영원한 왕의 순전함이 드러날 것이다. 처음 인류의 능력을 그의 구원사역으로 다시 회복될 것이다. 스킬더는 이런 관점을 하이델베르크 요리문답 31주일에 나타난 그리스도와 그분의 직분 사이의 관계성을 설명하면서 구체화시켰다. 곧 그리스도가 왕직을 수행하시는 것을 통해서 그리스도인은 죄를 극복하고 세상에 대해 왕노릇한다는 것이다.

역사는 그리스도 안에서 통합된다. 또한 세상의 시작은 마지막으로 연결된다. 곧 그리스도가 창조의 처음에 주어졌던 직분을 회복하고 완성하심으로써 역사의 마지막이 되시는 것이다. 이를 위해서 하나님이 만드신 일꾼들은 하나님의 창조 때 주어졌던 모든 은사들을 발휘해야 한다. 그래서 세상에 담겨져 있는 모든 가능성을 드러내는데 사용되어야 한다.

(3) 문화명령과 '하나님의 형상'의 의미

스킬더는 성경이 처음부터 문화에 대해서 말하고 있다고 보았다. 왜냐하면 '경작하다', '돌보다'는 의미의 'colere'라는 라틴어에서 오늘날 문화라는 단어가 비롯되는데, 이 단어는 창세기 첫 장에 나타나는 중요한 개념이기 때문이다. 세상은 처음부터 손 댈 필요없이 모든 것이 다 갖추어진 모습으로 창조된 것이 아니라 오히려 완성을 향해서 나가야 하는 시작으로 창조되었다. 때문에 정치, 시민적 질서들, 그리고 하나님의 도시는 완성된 질서를 향해서 나가야 했다.

물론 스킬더는 하나님의 창조가 불완전했거나 하나님이 어떤 결여된 것을 창조하셨다고 생각하지는 않았다. 다만 일종의 완성을 향해 나가야 하는 과제가 주어졌다고 보았을 뿐이다. 이 일에 인간이 배제되지 않았다. 그래서 모든 문화 일꾼들에게 주어진 고유한 문화적인 임무가 있는 것이다.

처음 에덴에 창설된 동산에서 이루어진 문화적인 노동은 예배였다. 사람의 손이 하는 일과 심령으로 드리는 예배가 분리되지 않았다. 모든 것이 문화 일꾼들의 경작을 기다린다는 의미에서 에덴에 있는 동산의 모든 것은 문화적이었다. 다시 말해 진정한 예배를 드리는 일과 세상을 경작하고 다스리는 일이 분리되지 않고 함께 공존하였다는 것이다. 그런데 이것은 하나님의 말씀을 받고 지키는 것에서부터 출발하였다. 이런 점에서 그리스도의 세 가지 직분이 첫째 아담에서 이미 나타났다고 할 수 있다. 그리스도의 통치는 첫 아담의 문화사명을 통해서 계시되었다. 교회가 감당해야 하는 그리스도 안에서의 문화사명은 그리스도의 직분에 근거한다.

이렇듯 문화사명은 첫 아담과 둘째 아담의 직분에 속한 것으로 그리스도의 구원사역에 의해서만 회복될 수 있다. 문화사명은 그리스도의 직분 안에서만 이야기할 수 있다. 지금도 살아계신 그리스도께서 그분의 일을 행하실 때 그리스도인은 첫 아담에게서 나타났던 문화사명을 다시 회복하고 힘써야 할 자리에 서게 되는 것이다.

(4) 기독교적 문화

기독교적 문화는 철저하게 그리스도 안에서만 의미를 가진다. 그리스도는 구원-해방자이시자 동시에 구원-보복자(Heiland Wreker)이시다. 이런 점에서 모든 문화는 그리스도가 펼치실 일을 위한 처소를 예비하는 것이다. 물론 그리스도는 겉으로 볼 때 비문화적인 구유에서 나셨고 문화와 상관없어 보이는 십자가에 달리셨고 아리마대 요셉의 묘에 딸린 무덤에 묻히셨다. 그러나 부활하신 그리스도는 모든 사람을 합당한 자리에 두시기 위해 그리고 머리이신 그분을 향해 교회가 연합되도록 하시기 위해 일하신다. 그분은 아시아의 한 작은 도시에서 목수의 아들로 작은 일을 감당하셨지만 그 일을 통해서 하나님을 경외하셨다. 그리고 문화적으로 이 일은 전 로마제국에 엄청난 의미를 부여하였다.

그리스도의 영이 역사한 모든 사역들과 개혁은 문화의 치유가 함께 이루어졌다. 바울은 타락한 로마에서 천막장이와 철학자, 신학자, 선교사로 일했다. 이 일은 로마 사회의 문화적인 건강을 위해 공헌하였다. 또한 루터 역시 천 년간 지속되었던 교황과 황제지배를 파괴하면서 문화적인 치유의 일을 하였다.

한편으로 그리스도는 문화의 파괴자이시다. 그분은 긍정적인 문화건설의 이름과 영화를 부인하신다. 때문에 그는 구원-파괴자 혹은 구원-보복자이시기도 하다. 그분은 하나님의 심판을 일반적인 문화에 쏟아 부으신다. 죄와 그 결과가 빚어낸 문화를 파괴하심으로써 구원의 의미를 보여주신다. 그러나 반대로 그리스도는 십자가와 부활로서 구원을 이루시며 좀 더 깊은 창조의 기독교 문화를 위한 기반을 제공하신다. 교회가 머리이신 그분을 중심으로 모이게 하시고 거기서부터 세상을 치유하는 문화를 건설해 가신다. 결과적으로 기독교 문화, 곧 교회는 세상을 향한 그리스도의 문화 치유 사역의 역할을 감당하게 된다.

이 같은 사역의 결과로 이 세상에는 아주 작은 하나

님의 뜻에 일치하는 문화가 자리잡게 된다. 하지만 그렇다고 스킬더가 이 세상을 이원론적으로 본 것은 아니다. 즉 그리스도로부터 나오는 문화와 혼란의 사막이 서로 절반씩 나누어진 것이 아니다. 오히려 스킬더는 '교제'(koinonia)와 '공존' 혹은 '공재'(sunousia)를 구분함으로써 해결책을 찾았다. 여기서 '교제'는 같은 목적을 위해 같은 기초를 가지고 같은 믿음과 소망, 사랑 안에서 걸어가는 공동체를 말한다. 가령 같은 신앙고백을 가진 교회가 이에 해당된다. 그런데 이 같은 '교제'가 다른 모든 사람들 안에서 '공존'한다. 이는 마치 가라지와 알곡이 처음부터 나뉘어 분리되어 있지 않은 것과 같다. 이렇게 '공존'하면서 '교제'하는 사람들 중에 문화명령이 주어진다. 물론 문화적인 활동에 대한 열심은 모든 사람들 안에 내재해있다. 이런 점에서 그리스도로부터 '교제'가 왔다면, 창조주 하나님으로부터는 '공존'이 왔다고 할 수 있다.

다만 함께 이루어지는 문화적인 활동 가운데 구분이 존재한다. 즉 문화활동이 이루어지는 자연은 하나이지만, 그 자연을 사용하는 방식은 두 가지라는 것이다. 다른 말로 하면, 물질은 하나이지만, 그 물질에 작용하는 두 가지 라인이 있다. 하나의 영역이 있지만, 그 영역을 개발하는 두 가지 방법이 있다. 또는 하나의 문화적인 추구가 있지만, 두 가지 문화적인 방법이 있다.[29]

그런데 그리스도는 여전히 그분의 은혜의 능력을 완전히 드러내시지 않는다. 오히려 적그리스도의 반역이 승리자이신 그리스도의 보존하심과 맞서고 있다. 세상 어떤 곳에서도 심지어 하늘에서도 그리스도의 은혜의 능력이 완전히 나타나지는 않는다. 이렇게 세상 문화는 그리스도의 일반적인 인내하심(gemene temperantie) 속에 놓여있다. 이런 일들 때문에 모든 문화적인 성취는 마지막 날까지 끝이 잘려진 피라미드와 같다. 즉 아무리 훌륭한 문화적인 작업이라 할지라도 그것은 원래 주어졌던 은사들을 도둑질하여 실행한 것에 불과하다는 것이다. 믿는 자들의 문화적인 추구 역시 완성될 수 없다. 그들의 문화적 성취 또한 잘려진 피라미드와 같을 뿐이다.

그럼에도 거룩한 성도의 교제(koinonia)를 고백하는 사도신경의 고백은 교회가 가지는 문화적인 성취의 중요성과 직접적으로 연결된다. 이는 인간의 일 때문이 아니라 그리스도가 그 안에서 효과적으로 일하시기 때문이다. 그 결과 하나님의 사람들이 모든 선한 일에 온전하게 구비되고 그 일들을 서로 연결시키는 것이다. 이처럼 건전한 구조나 규범이 있는 삶의 방식 그리고 조화로운 문화는 그리스도를 통해서 실재한다. 따라서 문화와 관련해 모든 사람들에게 사실상 일반적인 문화명령 또는 소명이 주어지지만, 실재적으로 그것을 원래 주어진 의미대로 수행하는 사람들은 그리스도인들 밖에 없다고 할 수 있다.[30]

5. 신앙고백에 기초한 개혁주의 문화관

(1) 전통적 신앙고백과 새로운 시대적 고민의 조화

스킬더는 20세기 초중반에 자신의 신학적 작업을 시작하였다. 당시에는 19세기가 보여준 긍정과 낙관이 1차 세계대전으로 인해 비관적인 것으로 변화된 시기였다. 발전과 진보를 가능하게 해줄 물적 토대와 번영이 오히려 비극을 가져다주는 변수로 작용하였다. 신대륙의 발견과 개척, 그리고 식민지를 통해서 축적된 부는 오히려 유럽인들에게 가장 깊은 치부를 드러내는 도구가 되었다.

이러한 때에 스킬더는 네덜란드 개혁교회가 직면한 새로운 고민을 능동적으로 수용하고 신학화하였다. 카이퍼와 그 후계자들이 보여준 틀보다 신앙고백과 성경을 바탕으로 새로운 시대의 문제제기에 적극적으로 응답하였다. 이를 위해 그는 하이델베르크 요리문답을 하나의 신학적 디딤돌로 삼아서 자신의 전체 신학적 작업을 시도하였다. 또한 창세기 1-3장의 역사성에 대한 그의 신뢰는 문화명령에 대한 그의 창조적인 작업을 위한 바탕이 되었다. 그리스도의 죽음과 고난이라는 구속역사적 관점 또한 그의 신학에서 변함없는 토대가 되었다. 이런 점에서 그는 성경과 전통적인 신앙고백에 매우 충실하려고 했던 신학자였다.

스킬더의 이런 면모는 바르트 신학에 대한 일관된 반대를 통해서도 구체화되었다. 그는 바르트의 변증법적인 방법론보다 성경의 구체적인 역사성과 실재성에서 해답을 찾고자 하였다. 그는 신학적 체계를 다시 구성하는 대신 전통적인 개혁주의 신앙고백인 하이델베르크 요리문답을 자신의 신학을 전개하는 모판으로 삼았다.

그렇다고 해서 그가 단지 성경과 전통적인 신앙고백을 방패삼아 그 안에 안주한 것은 아니다. 그는 바르트를 지지하지는 않았지만, 바르트를 통해서 나타난 위기의 신학의 문제의식에 대해서는 민감하였다. 카이퍼에 대해서도 그의 신학을 전적으로 부정한 것은 아니지만, 그의 사상이 담고 있는 시의성에 대해서는 문제를 제기하였다. 무엇보다도 카이퍼 시대에 고민되지 않았던 시대의 흐름과 질문에 대해서 좀 더 과감하고도 창조적인 신학으로 응답하고자 했다.

(2) 신칼빈주의의 계승자인가?

스킬더는 인간의 타락 이후에도 문화가 여전히 존재한다는 카이퍼의 관점에 대해서 비판적이었다. 적어도 일반은총의 개념으로 타락 이후에도 여전히 긍정적인 요소들이 있다는 것을 강조한 카이퍼와 그 후계자들에 대해서 분명히 반대하였다. 그만큼 스킬더는 타락 이후 죄와 그 상태에 대해서 카이퍼보다 훨씬 더 비관적이었다. 하지만 동시에 그는 카이퍼가 타락 이후에도 여전히 남아있는 일반은총을 출발점으로 보았기 때문에 타락 이전으로 더 거슬러 올라가지 못했다고 지적하기도 했다. 한편 그는 이렇게 선한 창조의 역사성과 의미를 매우 강조했기 때문에 비록 짧은 부분이지만 성경의 창조본문을 매우 의미 있게 분석하기도 했다.

무엇보다 스킬더의 특징은 교회의 문화적 참여라는 주제에서 일반은총 대신 그리스도를 중심에 둔 점이다. 그는 그리스도가 감당하신 직분에서 타락 이전의 인간에게 주어진 원초적 사명을 발견하고 동시에 그 사명이 오직 그리스도 안에서만 회복될 수 있음을 강조했다. 그럼으로써 카이퍼가 일반은총을 통해서 말하고자 했던 죄가 억제되고 제한되는 것이 스킬더에게 있어서는 그리스도와 그의 영으로 말미암는 순종으로 인해 가능한 것이 된다.

그러나 스킬더를 비판하는 사람들은 카이퍼와 스킬더 사이에 여전히 공통점이 존재한다고 말한다. 가령 페일러마(W. H. Velema)는 이 두 신학자가 모두 그리스도인의 삶과 인간에게 원초적으로 주어진 사명을 연결시킨다는 점에서 일치한다고 본다. 스킬더는 이를 단지 문화명령으로 표현했을 뿐이지, 그 또한 여전히 카이퍼가 가지고 있는 진보의 패러다임을 가지고 있다는 것이다. 또한 창조 때 주어진 가능성을 은사의 활용이라는 틀 속에서 설명하고 있는 것도 카이퍼와 매우 유사한 면이 있다고 본다.[31]

따라서 비록 스킬더가 하나님의 창조의 선하심을 강조하는 동시에 창조 때 인간에게 주어진 직분으로서의 사명의 역사성과 실체를 창조의 핵심으로 보았고, 또한 그가 강조한 문화 혹은 문화명령이 창조와 재창조에서 여전히 유효한 것이었다는 점에서는 그와 카이퍼가 완전히 일치하지는 않지만, 이 두 신학자가 모두 그리스도인에게 문화에 대한 사명 혹은 부르심이 있고, 그것을 예수님의 재림 때까지 힘써 행해야 한다고 보았다는 점에서는 큰 틀에서 일치한다고 볼 수도 있다.

특히 이런 점들은 그가 바르트주의를 반대할 때 뚜렷하게 드러났다. 스킬더는 바르트주의가 나찌에 저항했음에도 불구하고, 그것에는 기독교정치와 문화에 대한 원칙적인 관점이 없을 뿐 아니라 그 뿌리에 루터와 같은 두 왕국론이 자리잡고 있다고 지적했다. 물론 바르트의 견해가 교회와 국가(혹은 문화)의 관계성이 지나치게 강조되어 있거나(문화기독교나 국가교회) 혹은 과도하게 분리되어 있는(두 왕국론) 독일에서는 어느 정도 의미가 있다고 보았다. 하지만 이미 개혁교회 전통이 자리잡은 네덜란드에서 교회와 국가, 문화의 관계성을 보자면, 바르트의 견해는 기독교 정치, 기독교 문화의 가능성에 대해 너무 비관적인 것이었다. 따라서 스킬더는 이런 측면에서 바르트주의보다는 신칼빈주의의 입장에 더 가깝다고 할 수 있다.

다만 스킬더는 개혁주의 신앙전통에 보다 깊이 뿌리내리고자 했기 때문에 죄의 심각성과 타락 이후에 모든 영역에 퍼진 죄의 파괴성을 크게 강조했을 뿐이다. 물론 그가 처한 시대적인 상황도 카이퍼의 일반은총을 비판적으로 수용할 수밖에 없도록 만들었다. 스킬더가 '일반저주'(하나님을 경외하지 않는 문화자체) 같은 용어를 사용한 것 역시 죄의 심각성을 강조하기 위한 것이었다.

이렇듯 죄의 심각성과 파괴성에 주목했기에 스킬더는 그리스도 안에서 이루어진 구속의 필수성에 대해서도 보다 강조하지 않을 수 없었다. 그 결과 스킬더는 카이퍼의 일반은총에서 단지 창조영역에만 머물렀던 문화에 대한 이해를 기독론적으로 더욱 강하게 정초하게 되었다. 즉 그리스도의 구원사역이 문화에 대한 이해와 직접적인 상관관계가 있음을 거듭 강조한 것이다. 아니 오직 그 길을 통해서만 교회와 그리스도인들은 문화에 대한 창조 때 주어진 원초적인 사명에 접근할 수 있다고 보았고, 그래서 그리스도는 문화를 위한 변수가 아니라 문화의 의미를 열어주는 유일한 통로가 된다고 하였다.

(3) 스킬더와 한국교회

스킬더가 여전히 교회의 문화적 참여에 대해 강한 톤을 가지고 있다는 점은 한국교회에 적지 않은 비현실성을 부여한다. 왜냐하면 한국교회는 문화에 대해 매우 소극적인 측면이 있기 때문이다. 따라서 그보다는 스킬더의 신학이 주는 편안함에 먼저 귀 기울일 필요가 있다고 본다. 스킬더는 성경과 개혁주의 신앙고백에 충실한 신학자였다. 인간이 처음 창조되었을 때의 원초적인 문화명령에 대한 창세기 1-3장의 설명 또한 거부감보다는 그의 신학의 깊이와 창의성을 알게 해준다. 창조 이전의 상태에 대해서 우리가 지닌 성경적 역사는 매우 제한적이기 때문에 이 때 주어진 계시의 가치에 대해서도 우리는 그다지 관심을 갖지 않는다.

그러나 스킬더는 이런 본문들에 매우 충실하다. 가령 그는 에덴에 있는 동산에 흐르던 네 개의 강의 구조와 그 역사적 사실성으로부터 이 동산에 살고 있었던 사람의 원래적인 문화명령을 설명한다. 또한 그는 성경이 증언하고 개혁주의 신앙고백이 강조하는 죄와 그것의 심각성을 있는 그대로 분명하게 받아들인다. 그리고 우리의 구주되신 그리스도 안에서 이루어진 구원의 원래적인 성격을 성경에 따라 분명하게 고백한다. 이렇듯 전통적인 신앙고백의 튼튼한 기초를 벗어나서 자신의 사변을 전개하지 않는다는 점에서 스킬더는 한국교회가 받아들이는 일반적인 흐름과 자연스럽게 일치한다고 볼 수 있다.

한편 스킬더는 한국교회 안에서 결여된 교회 밖의 세상에 대한 관점에 대해 균형 잡힌 시각을 제공해줄 수 있다. 특히 오늘날 교회 밖의 문화와 정치에 대해 과도하게 긍정적인 한국교회의 한 측면을 교정해주는 역할을 톡톡히 해줄 수 있다. 그는 카이퍼와 달리 죄와 그것의 심각성이 일반적인 문화에 어떤 영향을 미치고 있는지에 대해 매우 예리하면서도 유보적으로 진단하기 때문이다.

이런 점에서 일반은총은 실제로는 일반저주가 될 수도 있다는 그의 경고가 의미심장하다. 반면에 그는 그리스도 안에서 중생한 그리스도인들이 지닌 문화사명에 대해서는 매우 적극적이다. 그는 매일의 삶의 의미를 태초에 주어진, 그러나 그리스도의 구원사역에 의해서 새롭게 드러난 문화명령을 통해서 밝혀주었다. 따라서 이제 그리스도인들의 일상은 의미 없는 세속의 일도 아니고 일반은총의 발현을 위한 막연한 문화발전에의 종사도 아니다. 그보다 그들의 모든 노동은 그리스도 안에서 직분을 행하는 것이요 창조주 하나님의 명령에 기초한 것이다. 힘써 자신의 노동으로 경작(cultivate)함으로써 그리스도의 왕되심과 하나님을 예배하는 일에 동참하는 것이다.

대안적인 개혁주의 패러다임들

Reformed view of the culture

개혁주의의 문화를 이해하는 데는 앞서 살펴본 카이퍼나 스킬더의 사상들 외에도 다른 스펙트럼이 존재한다. 이들은 카이퍼와 스킬더의 견해가 여전히 문화-변혁주의적이라고 평가하면서 기독교와 문화변혁을 너무 필연적인 것으로 연결시켰다고 비판한다. 대안의 패러다임으로서 이들은 '자연법-두 왕국론'이라는 틀 혹은 '나그네와 행인으로서의 그리스도인의 삶'으로 요약되는 서술을 선택한다.

이 같은 입장들은 모두 루터와 칼빈과 같은 초기 개혁주의자들의 입장을 다시 발굴하면서 신칼빈주의를 통해서 흐려졌다고 판단되는 개혁주의 문화관과 사회사상의 본래적 의미를 회복하고자 한다. 물론 그들은 신칼빈주의가 개혁주의 문화관에 대한 논의를 선도했다는 점을 분명히 인정한다. 신칼빈주의자들을 통해서 심지어 개혁주의 진영 밖에서도 사회사상과 문화관에 대한 논의가 활발하게 이루어진 점은 큰 공헌으로 여긴다. 그러나 이들은 신칼빈주의와 초기의 개혁주의 사상 사이에는 차이가 존재한다고 주장하면서 신칼빈주의자들에 의해서 주도되고 있는 사회사상과 문화관, 세계관에 대한 논쟁에서 보다 개혁주의적인 관점을 찾고자 시도한다.

그렇다고 이런 입장들이 단지 초기 개혁주의자들의

입장을 복구하는 작업에 제한되는 것은 아니다. 오히려 이들의 작업은 이미 교회적인 기관들이 약화되고 있는 현실, 그리고 정치적으로 자유주의적이며 종교적으로는 다원주의적인 사회의 이해를 반영하고 있다. 카이퍼와 스킬더의 시대는 여전히 기독교적 정치, 사회, 문화적 기관들이 건재한 시대였다. 그들의 통찰력에는 이런 시대적 현실이 반영되었다.

그러나 1960년대 이후에는 시대적 상황이 많이 변했다. 좀 더 다원화되고 상대주의적 관점들이 만연하면서 소위 기독교 없는 사회가 도래하였다. 신칼빈주의 모델이 전제하고 있던 교회의 영향력은 매우 약화되었다. 역설적이지만 이제 막 걸음마를 시작했던 초기 종교개혁 시대인 16세기 상황에서 전개된 사회, 문화적인 기독교 사상이 어울리는 시대상황이 현대에 와서 재현되고 있다. 때문에 오히려 십자가 아래에서 고통당하던 초기 개신교회가 생산했던 초기 종교개혁 사상에 대한 재조명이 현대적 상황에 더 적합한 복고적인 의미를 가지게 된 것이다.

물론 신칼빈주의와 여기서 제시될 대안적인 입장을 굳이 대립되는 입장으로 볼 필요는 없다. 다만 개혁주의 진영 안에는 좀 더 다양한 스펙트럼이 있다는 사실을 인정하고 앞서 제시된 입장들을 교정하고 보완함으로써 보다 풍성한 개혁주의 문화관에 도움이 되기를 바란다.

1. 자연법-두 왕국론(Natural law - two kingdoms paradigm)

'자연법-두 왕국론'을 개혁주의의 가장 대표적인 입장이라고 보는 것은 누구보다도 웨스트민스터 신학교(캘리포니아)의 조직신학 교수인 데이비드 밴드루넨(David Vandrunen, 1971-)이다. 그는 초대교회부터 20세기 후반의 기독교윤리, 특별히 교회와 문화의 관계를 관통하는 패러다임으로서 '자연법-두 왕국론'을 제시한다. 특히 그는 이 패러다임이 루터와 칼빈 이후의 초기 개혁주의 전통, 심지어는 카이퍼 이후의 신칼빈주의 전통을 아우르는 개혁주의 사회사상의 핵심이라고 본다. 물론 '자연법-두 왕국론' 패러다임이 그의 독창적인 아이디어는 아니지만, 이 패러다임을 개혁주의 사회, 문화관을 대변하는 것으로 소개한 것은 그의 공헌이다.

교회와 문화의 관계를 보여주는 키워드로서 카이퍼가 '일반은총'을, 스킬더가 '문화명령'을 사용했다면, 밴드루넨은 '자연법-두 왕국론'을 제시한다고 볼 수 있다. 그는, 비록 항상 명확한 것은 아니지만, 이 패러다임이 칼빈에게, 그리고 카이퍼와 그 계승자들에게 내재되어 있다고 주장한다. 이런 점에서 그는 자신의 주장을 카이퍼나 혹은 신칼빈주의와 완전히 대치되는 새로운 것으로 보지 않는다. 그럼에도 기존의 신칼빈주의 진영 전반에 대해서는 매우 비판적이다. 밴드루넨의 입장을 통해서 개혁주의 안에 존재하는 또 다른 스펙트럼을 확인하고 개혁주의 문화관을 좀 더 풍성하게 하는 도구로 삼고자 한다.

(1) 자연법-두 왕국론의 정의와 기원

'자연법' 사상은 하나님께서 그의 도덕법을 모든 사람들의 심령의 비석에 새겨놓으셨고 양심의 증언으로 말미암아 모든 인간은 그들의 기초적인 도덕적 의무들에 대한 지식을 가지고 있다는 점에서 출발한다. 특별히 시민사회적인 법이 발전하는 데는 모든 사람들이 보편적으로 접근가능한 표준을 가지고 있다는 점이 작용했다.

한편 '두 왕국론'은 하나님께서 모든 인간의 기관들과 활동들을 통치하시지만 근본적으로 다른 두 가지 방식을 통해서 다스리신다는 것을 의미한다. 즉 하나님은 영적인 왕국인 교회의 경우 구원자 예수 그리스도를 통해서 통치하시는 반면, 국가와 모든 사회기관들인 시민왕국의 경우에는 창조주와 보존자로서 통치하신다. 이 두 왕국은 명확하게 구분되는 목적들과 기능들, 그리고 일들을 이루는 고유한 방식을 가지고 있다.

따라서 '자연법-두 왕국론'은 하나님께서 시민왕국, 곧 교회가 아닌 국가, 사회, 문화적인 영역을 다스리실 때는 자연법에 근거해서 통치하신다는 것을 뜻한다. 그런데 밴드루넨은 여기에 독특한 해석을 추가하는데, 곧 고전적인 개혁주의자들은 정치적, 문화적인 삶을 하나님의 창조와 섭리의 일에만 연결시키고 그리스도 안에서의 구원과 종말론적인 회복에는 관련시키지 않았다는 것이다.[1]

두 왕국론의 본격적인 기원은 아우구스티누스의 '하나님의 도성'이다. 반면 자연법 사상의 기원은 중세후기에 본격화된 토마스 아퀴나스와 그의 계승자들에게서 발견된다. 그런데 이런 두 가지 다른 기원에서 발전한 사상이 루터에게서 처음으로 의미 있게 연결되었다.[2] 아우구스티누스는 영화로 가득했고 흥왕하던 로마제국의 멸망을 바라보면서 땅에 속한 왕국(civitas terrena)과 날카롭게 구분되는 하나님의 왕국(civitas Dei)을 옹호하였다. 즉 전자는 사탄과 함께 영원한 심판에 놓이게 되는 나라이고, 후자는 하나님과 함께 영원히 왕노릇하게 되는 왕국이라는 것이었다. 이렇게 두 왕국은 날카롭게 대립되었다. 그런데 하나님의 왕국의 시민들은 하늘의 본향과 조국에 속해 있기 때문에 이 땅에서는 나그네와 객으로 사는 것이 자기 정체성이 된다.[3]

(2) 루터의 자연법 사상과 두 왕국론

반면 루터에게서 나타나는 두 왕국론은 아우구스티누스와 사뭇 다르다. 루터의 두 왕국은 하나님의 왕국과 세상의 왕국인데, 전자는 율법이나 칼이 필요 없지만, 후자는 권위를 가지고 율법과 칼을 사용하게 된다. 즉 영적인 왕국은 그리스도의 법 아래 성령님께서 의로운 그리스도인들을 생산하시지만, 세상 왕국은 임시적인 칼을 가지고 사악한 자들, 믿지 않는 자들을 억제하신다.

그런데 아우구스티누스와는 달리 루터에게서 이 두 왕국은 상호보완적이다. 곧 세속의 정부 또한 정당한 역할과 권위를 가진다. 그러면서 루터는 이 세속정부의 법이 바로 자연법에 기초한 것이라고 주장한다. 그래야만 비록 상대적이긴 하지만 시민사회에 정당성을 제공하며 또한 정의를 만들게 된다는 것이다. 이런 맥락에서 그는 "정의의 원천이 되는 샘물에서 흘러나오는 이성에 따라 기록된 법들을 지켜야 한다."고 말한다. 동시에 그는 구약의 율법 또한 이런 자연법의 맥락에서 말하는데, 곧 모세가 준 율법을 인간이 지키는 것은 모세가 주었기 때문이 아니라 그것이 '내 본성'에 새겨졌기 때문이라는 것이다.[4]

결론적으로 루터는 두 왕국을 구분했지만, 그것을 대립되지 않는 오히려 자연법이라는 공통적인 원리에 기초한 상호보완적인 성격을 가진 것으로 보았다. 따라서 땅위에서는 세속정부가 없는 세상이 존재할 수 없는 반면, 그 세속정부는 권위를 믿음을 강요하기 위해 행사하는 것이 아니라 악한 일을 억제하기 위해 행사해야 한다. 한편 교회는 이 같은 세속정부를 이용해야 하는데, 이는 세속정부에게 믿음에 대해 관용해줄 것을 요구하는 것으로 나타난다.

그런데 벤드루넨은 루터에게서 나타난 이 같은 '자연법-두 왕국론' 패러다임을 고전적인 개혁주의 패러다임으로 본다.

> 그리스도인은 두 개의 구분된 왕국들의 시민들이다. 이 두 왕국들은 모두 하나님에 의해 정해지고 그분의 법아래 있다. 그러나 각각 다른 목적들과 기능들을 가진다. 이 두 왕국이 운영되는 것 또한 다른 규

칙을 따른다. 그리스도의 영적인 왕국의 시민으로서 그리스도인들은 비폭력, 화평의 방법들을 지키면서 이 왕국을 위해 무장하는 일을 거부한다. 반면에 세속정부의 시민들로서 그들은 국가의 권세를 사용하는 일에 필수적으로 참가하고 경우에 따라서는 군사적인 무장도 해야 한다. (중략) 영적인 왕국의 시민으로서 그들은 그리스도의 구원사역에서 주되심에 굴복하지 않는 모든 이론들과 행동들, 기관들에 대해 극단적으로 비판해야 한다. 반면에 세속왕국의 시민으로 국가가 가져다주는 유익들을 인정하고 인간 문화의 놀라운 생산물들을 즐기는 한편 비그리스도인들과 다양한 사회적인 프로젝트를 할 때 동일한 동기를 찾아가야 한다.[5]

밴드루넨은 위에서 설명된 '자연법-두 왕국론'의 패러다임이 구체적인 모든 부분에서 초기 개혁주의 사회사상과 윤리에 다 들어맞지는 않는다는 점을 인정한다. 그러나 이 관점만이 개혁주의의 일관되고 기초적인 신학적 범주들을 보여주는 유일한 패러다임이라고 생각한다. 이 패러다임의 이익은 첫째, 교회가 교회밖에 세상에 대해서 가지는 날카로운 대비성을 잘 드러낸다. 둘째, 현대

사회와 세상에 대한 그리스도인들의 분명한 비판들을 가능하게 해준다. 마지막으로 국가와 다른 사회적인 기관들의 전적인 권위가 그리스도의 왕국 안으로 흡수되거나 붕괴되지 않는다.

(3) 루터 이후의 자연법-두 왕국론

루터와 칼빈의 초기 개혁주의 전통에서 밴드루넨이 주목하는 또 한 가지 점은 그들이 사회적 삶을 구원이 아니라 하나님의 창조와 섭리에 기초한 것으로 생각했다는 것이다. 그는 이런 전통이 카이퍼에게 이어졌다고 본다. 곧 카이퍼의 문화적, 정치적 사상의 기초가 구원 역사적, 종말론적 질서가 아닌 창조질서에 기초해 있는 것이 초기 개혁주의에 나타난 두 왕국이론과 유사하다고 본 것이다.[6]

그런데 밴드루넨은 이 관점을 다시 기독론적으로 정리한다. 곧 전통적인 두 왕국론과 카이퍼가 말한 일반은총은 하나님의 아들이 가지는 창조주와 구원자로서의 역할을 구분하는 기독론에 기초해 있다는 것이다. 그런데 이 같이 창조주와 구원자로서의 그리스도를 나란히 두면서 창조 중보자와 구속 중보자라는 이중적 중보직을 말하는 두 왕국론은 바르트에게 이르러서는 비판을 받게 되었다. 반면 북미의 도예베르트와 그 계승자들에게 와서는 카이퍼를 수용하는데 중요한 기독론적인 입장이 되었다.

밴드루넨이 바르트에게서 주목하는 점은 다음과 같다.

첫째, 창조에서의 일과 구속에서의 일은 구분될 수 있다. 그러나 이 두 영역은 분리되어서는 안 되고, 반드시 기독론적으로 정초되어야 한다.

둘째, 하나님의 도덕적 진리에 대한 구원역사적-기독론적 증언에 기초하지 않은 (초기 개혁주의자들이 주장한) 어떤 형태의 창조원리나 창조질서도 거부한다.

셋째, 바르트도 결론적으로는 두 왕국론에서 말하는 것과 같은 것을 말한다. 즉 선과 진리가 교회나 기독교 바깥에서도 발견될 수 있는데, 이는 창조질서에서 유래하는 자연법 때문이 아니라 신자와 불신자가 모두 말할 수 있는 일반의 진리, 곧 그리스도 때문이라는 것이다. 이렇듯 어떤 형태의 자연법도 거부하는 바르트 역시 결국 기독론 안에서 두 왕국, 곧 교회와 국가, 또는 신자와 불신자가 좀 더 높은 일치성을 가진다고 보았던 것이다.[7]

한편 밴드루넨은 도예베르트와 그와 함께 하는 북미의 신칼빈주의자들에게서도 창조질서에 기초한 두 왕국론이 어떻게 기독론적으로 그리고 구원역사적으로 정립될 수 있는가 하는 과제가 주어졌다고 보았다. 곧 창조-

타락-구속의 구도를 가지고 있는 이들에게 구속은 원래 창조원리의 회복과 동일시되며, 나아가 창조 때의 인간에게 주어졌던 가능성을 발전시키는 일이 인류에게 가능해지는 것을 의미한다고 본 것이다.

여기서는 창조원리뿐 아니라 구속을 통해서 새롭게 주어진 세계관을 소유하는 '종말론적인' 왕국이 강조된다. 그리고 그리스도인들은 그리스도의 순종으로 말미암아 건설되는 이 종말론적인 왕국에 속하게 된다. 이는 믿음과 교회의 사역을 통해서 이 왕국과 교제함으로써 가능해지게 되는 것이다. 그러나 이 왕국에 속한 자들의 문화적인 작업들은 세속 왕국 안에서 자연법의 기초적인 표준에 따라 이루어지게 된다. 여기서 세속 왕국은 선하고 합법적이긴 하지만 일시적이라는 점에서 종말론적인 왕국과 구별된다.[8]

전통적인 두 왕국론은 창조질서에서 비롯된 자연법에 기초해서 두 왕국이 연결되어 있다고 보았지만, 바르트나 도예베르트 이후의 신칼빈주의에서는 반드시 그 기초가 기독론적으로 그리고 그리스도의 구속 사역 안에서만 논의될 수 있다고 보았다. 이것은 중요한 전환점이 되었다.

그런데 기독론적으로 창조와 문화의 의미를 정초하

고자 하는 고민은 이미 스킬더의 작업 속에서 구체화되었다. 밴드루넨은 이런 스킬더의 작업을 배제했기 때문에 여전히 창조 중보자와 구속 중보자라는 그리스도의 이중적 사역을 어떻게 연관시킬 것인가에 대한 딜레마를 가진다. 그래서 그는 자연법을 필연적으로 두 왕국론과 연결시키려고 시도한다. 그러나 자연법 자체가 구속질서가 아닌 창조질서에서 나온다는 것이 개혁주의의 일관된 입장이기 때문에 밴드루넨은 기독론적인 해결책을 찾기에 쉽지 않아 보인다.[9]

(4) 자연법-두 왕국론의 유익들

밴드루넨은 신칼빈주의자들을 일종의 문화변혁주의자들(culture-tranformalist)로 보고, 이런 의미에서 신칼빈주의자들이 진정한 개혁주의자들인가에 대해 의문을 제기한다. 무엇보다 그는 신칼빈주의자들이 가진 문화적인 열광주의를 경계한다. 가령, 도르트 대학에서는 개혁주의 그리스도인의 세계관에 일치하는 풋볼 프로젝트 같은 것들을 시도하는데, 밴드루넨은 이런 작업이 가지는 의미에 대해 매우 의문시한다.[10] 이런 점에서 '자연법-두 왕국론' 패러다임이 제공하는 가장 큰 장점은 그리스도의 왕국으로서 교회와 세상의 왕국을 날카롭게 대비할 수 있는 신학적 모델을 제공한다는 것이다.

이 이론은 국가나 다른 문화적인 기관들이 하나님이 수여하신 합법성을 가진다는 점을 옹호하는 한편, 동시에 그리스도인으로서 이런 기관들에 대해 날카롭게 비판할 수 있는 여지를 제공한다. 이렇듯 이 이론에 담긴 실천적인 함의는 그리스도인들로 하여금 관조적인 태도에 머물러 있지 않도록 한다. 오히려 그리스도인들은 신자, 불신자를 막론하고 인류가 이룩한 문화적 성취를 감상하고 즐길 수 있게 한다.

그러나 결국 이 견해에서 보다 중요한 것은 적극적으로 세속의 왕국에 참여해서 그것들을 변혁하는 삶보다는 철저하게 영적인 왕국에 충실한 삶이다. 왜냐하면 이런 삶을 통해서 자연법의 우주적인 도덕적 기준에 이르게 되고, 또한 그렇게 되었을 때 비로소 간접적으로 세속의 왕국에 비판적인 역할을 감당할 수 있기 때문이다. 따라서 그리스도인들은 현대적-자유주의적 사회들에 참여하지만 사회적, 문화적 기관들이 가진 일시적인 성격과 목적을 직시해야 한다. 그것들은 결국 완전히 성취되거나 완성에 이르지 못할 것이다.

한편 이 이론에 따르면, 그리스도의 왕국으로서 교회는 화평을 확신하지만, 시민적 삶에서 그리스도인은 반드시 평화주의를 추구할 의무는 없다. 이는 국가와 문화적 기관들의 합법성을 확신하지만, 그것들이 죄의 효력에서 우리를 구원할 수 있다고는 보지 않기 때문이다. 또한 교회는 특정한 나라나 정당과 손잡을 필요가 없지만, 그리스도인은 시민적 삶에서 애국자로 살아갈 수 있다. 이렇듯 성경이 공적인 영역에서 이루어지는 도덕적 담론의 기초가 되어야만 한다고 주장하지 않으면서도 사회의 정의나 문화의 탁월성을 추구하는 임무를 수행할 수 있다.[11]

(5) '자연법-두 왕국론'의 강점과 약점

밴드루넨이 제시한 '자연법-두 왕국론' 패러다임은 특별히 오늘날 같은 21세기에 유익한 관점을 제공한다. 오늘날 유럽과 북미의 국가들에서 교회는 카이퍼가 살았던 19세기나 스킬더가 활약했던 20세기 초와는 전혀 다른 새로운 시대적 상황에 놓여있다. 곧 대부분의 국가들에서 철저하게 세속화가 진행되어 모든 문화가 하나님 없는 것으로 채워지고 있는 것이다. 그리스도인들이 공적인 영역에서 자유롭게 자신의 종교적 신념을 표현하는 일은 철저하게 봉쇄되어가고 있다. 교회가 문화에 대한 적극적인 변혁과 참여에 헌신해야 한다고 말하기보다 이런 세속화의 물결이 교회 안에 밀려오는 것을 더 염려해야 하는 시대가 되었다. 카이퍼가 '일반은총'을 말했던 때와는 달리 오늘날 서구교회는 매우 약화되어 있고 정치문화적 참여에서 쇠락하고 있다. 물론 한편에선 과도하고 직접적인 교회의 참여가 이루어지고 있지만, 사실 그럴수록 오히려 교회가 사회, 문화적 영역에서 강력한 반작용을 경험하게 된다.

그런데 서구의 교회들이 겪고 있는 이 같은 일들이 서서히 혹은 급속하게 한국교회에서도 경험되고 있다. 비록 원래부터 교회가 사회나 국가에 미치는 영향력에서 서구와는 매우 다른 역사를 가진 한국교회이지만, 이미 다원화되고 다층화된 국가시민사회의 한 부분으로 존재하는 한국교회의 상황은 서구교회와 여러 면에서 궤를 같이 하고 있는 것이다.

밴드루넨은 이와 같은 시대적 상황에서 그의 생각을 정리해갔다. 따라서 그의 생각은 루터와 칼빈의 개혁주의의 전통에서 나온 것이기도 하지만, 오늘날 교회가 처한 위기상황에서 비롯된 것이기도 하다. 곧 그는 북미에서 교회가 보여주는 다양한 스펙트럼의 사회, 문화적 참여들에서 가장 적실성 있는 모델을 루터와 칼빈에게서 찾은 것이다. 그러나 과연 루터와 칼빈의 모델이 밴드루넨이 주장한 것처럼 유사한 것인가 하는 데는 의문이 든다.

밴드루넨은 '자연법-두 왕국론'이라는 패러다임이 개혁주의 사회사상의 가장 전통적인 주장이라고 주장한다. 그러나 칼빈 혹은 칼빈주의를 루터파의 모델과 대비시키는 학자들의 입장에서는 이 패러다임이 그 시작과 발전에서는 물론 그 내용에 있어서도 루터파적이라고 비판한다. 당시 루터는 복잡한 정치적 상황에 처해있던 독일에서 종교개혁을 진행했기 때문에 세속정부의 절대적인 지지가 필요했다. 따라서 교회가 성도에 대해서 가지는 온전한 치리와 권징을 세속정부에 넘겨줄 수밖에 없었다.

이에 반해 칼빈이 목회한 제네바는 상황이 완전히 달랐다. 거기서는 교회가 권징에 대한 열쇠권을 가졌고 시의회가 이를 수락할 수밖에 없었다. 이렇듯 두 종교개혁자들이 처한 상황의 뚜렷한 차이가 '자연법-두 왕국론'이라는 패러다임으로 통일되어 표현될 수 있을지는 여전히 의문이다. 따라서 이 패러다임이 루터만이 아니라 칼빈에게서도 그만큼 핵심적이고 중요한 자리를 차지하고 있는가에 대해서는 좀 더 연구해야 할 주제인 것으로 보인다.[12]

이 패러다임은 앞서 살펴본 신칼빈주의와는 상당히 다른 신학적 기초와 실천적인 함의를 가진다. 그러나 밴드루넨이 지적하듯이, 나그네와 행인으로서의 삶은 가정과 학교 등 사회적 영역들에서 도피하는 삶을 말하는 것이 아니라, 그리스도의 왕국이자 영적인 나라인 교회 안에서 적극적인 대안의 행동들을 실천하는 삶을 말하는 것이다. 이런 점에서 이 패러다임은 카이퍼가 주장하는 교회의 세속화와 큰 차별이 없어 보인다. 또한 스킬더가 말한 문화명령의 중심 고민과 대비되는 것도 아니다. 때문에 이것은 양자택일의 문제가 아니라 양립가능한 범주일 수도 있다.

마지막으로 밴드루넨은 개혁주의 사회, 문화사상은 구속주가 아니라 철저하게 창조주와 보존자 하나님에 기초해 있다고 본다. 그런데 이런 그의 분석이 오히려 개혁주의 문화관에 치명적인 약점을 던져줄 수도 있다. 왜냐하면 창조와 구속의 구별은 필요하지만 이를 분리해서 개혁주의의 전통적인 사회, 문화사상이 오직 창조에만 정초했다고 보는 것은 스킬더의 예를 통해서 이미 비판된 부분이기 때문이다.

2. 나그네와 행인으로서의 그리스도인

'나그네 됨'이 개혁주의적 문화관의 핵심이라는 주장은 네덜란드 개혁주의 신학자들로서 스킬더 이후에 등장한 펠러마(W. H. Velema)와 다우마(J. Douma) 등에 의해서 제기되었다. 이들은 카이퍼와 스킬더에게서 나타나는 사회와 문화에 대한 적극적인 참여와 변혁보다는 '나그네와 행인으로서의 그리스도인의 삶'이라는 칼빈의 생각을 복구하고자 했다.

특별히 다우마는 그의 박사학위 논문에서 '일반은총'의 이해에 있어서 카이퍼나 스킬더와 대비되는 칼빈의 독특성을 발굴하였다. 그리고 이를 '나그네 됨'이라는 문화적 함의로 창조적으로 수용하였다. '나그네와 행인'이라는 개념 자체는 얼핏 보기에는 기독교가 문화에 관여하는 방식에서 매우 소극적인 태도를 보이는 것을 함의한다. 그러나 그리스도인은 나그네와 행인으로서 살아가면서도 어떤 의미에서는 더 적극적인 문화적인 활동을 하며 살아갈 수 있다.

(1) 창세기 1장 28절

카이퍼와 스킬더의 문화관에서 매우 중요한 성경적

기초는 처음 창조 때 주어진 하나님의 은총(일반은총, 카이퍼) 혹은 문화명령(스킬더)이다. 창세기 1장 28절이 이를 압축해서 표현해준다. 카이퍼와 스킬더에게서 창조 때 주어진 이 말씀은 매우 적극적인 문화에의 참여를 가능하게 하는 핵심이었다. 이 구절에 근거해 그들은 모든 그리스도인들은 창조 때부터 문화적인 임무로 부르시는 하나님의 부르심 아래 있다고 주장했다. 곧 창조의 처음에 주어진 이 임무는 타락 이후에도 여전히(카이퍼) 혹은 그리스도 안에서 회복된 자들이(스킬더) 힘써 행해야 할 핵심적인 사명이라는 것이었다.

하지만 다우마는 이 구절에 대한 칼빈의 해석을 근거로 창세기 1장 28절은 문화적인 임무로서 하나님의 부르심에 대해 강조하기보다는 하나님께서 창조해 주신 것에 대해 누리고 즐기는 것에 대해 강조하는 깃이라고 본다. 하나님의 창조는 선하고 좋은 것이었다는 의미는 엿새째 창조하신 인간이 그것을 누리고 즐기게 되었다는 것을 의미한다. 이런 점에서 카이퍼가 이 본문을 경작을 통한 문화적인 풍요로움과 확장으로 해석한 것은 정확하지 않다.

(2) 즐김과 삶을 위한 수단

다우마는 칼빈이 말하는 그리스도의 문화에 대한 태도의 핵심은 단순하게 우리의 목적과 최종적인 목적지를 향하는 것에 있다고 본다. 그런데 그것은 이 땅에 있지 않고 하늘에 있다. 따라서 목적지를 향해 사는 단순한 삶은 다음 세 가지의 구체적인 삶의 함의를 제공한다.

첫째, 스스로 겸손한 삶의 태도이다. 즉 자신의 모든 주도권과 이해력을 포기하고 하나님께 그것을 드리는 것이다.

둘째, 십자가를 지는 삶을 사는 것이다. 우리는 이 세상의 삶에서 수많은 불행과 혼돈을 겪으며 아무런 행복도 가지지 못할 수도 있다. 하지만 그럴 때일수록 지금의 삶에 대한 가치를 내려놓고 그것과 대비되는 최종적인 목적지를 향해야 한다. 물론 그렇다고 해서 이 땅의 것들을 혐오하거나 배타적으로 보아서는 안 된다. 다만 그 가운데서도 여전히 존재하는 하나님의 자비하심을 보아야 한다는 것이다. 자비로우신 아버지는 그 선하심으로 이 세상과 문화 속에서 우리를 돌보고 계신다.

셋째, 우리는 이 땅위에 있는 문화적 산물들을 즐겨야 한다. 여기서 다우마가 즐겨 인용하는 칼빈의 말을 다음과 같다. "만약 우리가 이 땅에 있는 것들에 대해서 이끌

린다면 우리는 확실히 이 땅의 산물들을 우리의 삶이 목적지를 향해서 진행하도록 돕는 거기까지만 사용해야 한다.(만약 이 땅에 있는 것들이 우리의 이 행진을 저지한다면 그것을 받아들여서는 안 된다.)"

다우마는 이 구절에서 칼빈이 의도한 것이 우리에게 필수적인 것만큼만 누려야 한다는 엄격한 의미가 아니라고 본다. 오히려 칼빈의 정확한 의도는 하나님께서 주신 선물들을 활용하는 것이 그것을 창조하고 목적하신 창조주 하나님의 목적을 향하는 것이라는데 있다. 곧 하나님은 우리의 타락을 위해서가 아니라 우리의 복락을 위해서 만물을 창조하셨기 때문에 그것을 즐기고 기뻐하는 것이 그것을 주신 하나님의 목적에 부합한다는 것이다. 하나님은 단지 우리의 필수적인 필요만 채우시기 위해서 꽃들과 향유, 금과 은 같은 것들을 주셨다고 하는 철학은 매우 비인간적일 뿐만 아니라 하나님의 의도에도 부합하지 않는다.[13]

그래서 다우마는 이에 대해 청지기적(rentmeester) 역할의 수행이라는 용어를 적용한다. 즉 적절하게 깨어서 절제하면서 보존하라는 것이다. 달리 말하자면 우리는 파수꾼이다. 우리는 깨어서 삶의 목적지를 향해 모든 문화적인 활동과 산물을 주님께서 허락하신 방식으로 활

용하고 사용해야 한다.[14]

칼빈은 하늘이라는 최종적인 목적지를 향한 삶을 강조했다. 그러나 이것이 이 땅에 있는 모든 것들을 포기하거나 단지 최소한의 가난에서 벗어나기 위해서만 그것들을 사용해야 한다는 것을 의미하지 않았다. 하나님이 우리에게 주신 이 땅에 존재하는 모든 문화적인 산물들은 그것을 누리고 기뻐하도록 주신 것이다. 물론 칼빈은 우리의 육신의 욕심에 따라서 그것을 낭비하는 것에 대해서는 잊지 않고 경고했다. 여기서 그 기준은 하나님이 주신 것을 이 땅을 사는 모든 백성들이 그 목적에 합당하도록 사용하는 것이다. 곧 하나님을 섬기는 것을 방해하지 않고 그 삶에 진보가 이루어지도록 사용하는 것이다.

(3) 나그네 됨이 가지는 함의들

나그네 됨의 삶은 그리스도인들에게 어떤 문화관을 가지게 하는가? 우선 교회와 세상은 어느 정도의 대립은 피할 수 없다. 교회가 가지는 문화적인 지향성, 또는 교회의 고유한 문화적 일들은 필수적인 것이 아니다. 나그네 됨은 두 개의 본향을 가르치지 않는다. 오직 하나의 본향을 말하는데, 그것은 하늘이다. 그렇기 때문에 이 땅에서의 모든 삶과 행함이 나그네로서 이루어지는 것이다.

그러면 나그네로서의 삶은 이 세상에서 도피하는 것을 말하는 것인가? 아니다. 무엇보다 우리는 그리스도의 통치권이 행해지는 세상 속에서 살고 있다. 그리스도는 그러한 우리에게 임무를 주신다. 곧 복음의 전파와 그리스도의 교회로 모이는 것이다. 우리는 이 같은 교회와 복음을 통해서 이 세상과 관계를 유지한다. 따라서 이것은 세상의 도피로 이어질 수 없다.

나그네 됨은 피난민 같은 삶을 의미하는가? 아니다. 우리는 순례자이기보다는 나그네이다. 피난민은 너무나 쉽게 자신이 처한 현실에 흡수되고 만다. 그러나 나그네는 그렇지 않다. 나그네로서 이 땅에 부르신 것은 쉽게 타협하지 않는 삶을 살라는 말이다. 그러면 교회는 어디에 있는가?

요한계시록 12장을 따르면, 교회는 사막에 있다. 즉 교회는 세상의 한 가운데서 세상적인 것이 되지 않도록 사막에 머물러야 한다. 세상을 그리스도에게 드리는 가장 위대한 계획은 세상이 그리스도인들을 넘겨주는 것을 통해서 실현된다. 마지막으로 교회는 영원한 즐김과 누림의 일부를 이 땅 위에서 미리 맛보아야 한다. 하나님과 그리스도의 사랑의 깊이와 넓이를 맛보고 동시에 하나님의 크신 노동의 결과물들을 누리게 된다.[15]

에필로그: **성령과 함께 탄식하는 교회**

　카이퍼는 19세기라는 낙관적인 세계관이 흥왕하던 시기를 살았고, 국가로부터 기독교의 자유를 요청받으면서도 여전히 기독교의 헤게모니가 유효하던 상황 속에서 활동하고 작업하였다. 이에 반해 스킬더는 카이퍼의 유산을 받으면서도 더 이상 낙관적인 세계관이 존재하지 않던 1차 세계대전 이후의 20세기 초를 살았다. 그는 그런 위기 속에서 바르트주의자들과는 달리, 그리스도인이 가지는 문화적 책임성을 강조하였다. 그리고 마지막으로 최근에 등장한 개혁주의의 대안적인 패러다임들은 앞선 두 시대와는 또 전혀 다른 오늘날의 상황에서 초기 종교개혁자들의 생각들을 새롭게 담아내고자 하였다. 보다 탈기독교, 탈종교화된 북미와 유럽의 교회들의 상황을 어느 정도 반영한 것이다. 이런 점에서 이 책에서 다룬 세 관점들은 모두 어느 정도 시대의 반영물들이라고도 할 수 있다. 또한 그렇기 때문에 세 가지 입장들은 서로 대비되고 충돌하며 비판적인 관점들을 제공한다.

따라서 우리는 이 중에서 어떤 한 가지 관점만이 교회와 문화의 관계를 규정하는 절대적인 패러다임이라고 말하기보다는 이 패러다임들이 어떤 고민에서 나왔는가를 고려해서 비판적으로 수용해야 한다. 다만 다음과 같은 네 가지 측면들은 교회와 문화의 관계를 개혁주의적으로 규정하는데 본질적인 중요성을 가진다고 할 수 있다.

첫째, 그리스도의 통치가 이 세상 문화에서 현실적으로 실현될 때 가장 중요한 존재는 교회이다. 기독교와 문화의 이론적인 관계성보다 실제적으로 보다 중요한 변수는 교회의 능력과 신실함이다. 당연한 말일 수 있으나 신앙고백에 충실한 튼튼한 교회의 건설만이 좀 더 광범위한 문화적인 논의와 참여를 위해 보다 현실적인 가능성이 될 수 있다. 따라서 그리스도와 성령님이 지배하고 생명을 주시는 하나님의 왕국, 곧 교회와 그것의 충만함이 문화사명을 다해가는 일차적이고 최종적인 그리스도인들의 근거지가 되어야 한다.

하나님의 자녀들에게 주어지는 영광의 자유만이 모든 피조세계를 해방할 수 있다(롬 8:21). 또한 최종적으로 회복될 새 하늘과 새 땅은 거룩한 성 새 예루살렘의 형상 속에서 온전히 이해될 수 있다(계 21:1-22:5). 그런데 그리스도의 거룩한 신부인 교회가 이 같은 새 하늘과 새 땅의 가장 결정적인 요소이다. 따라서 교회가 그리스도와 그 말씀으로 풍성하게 되는 것, 그리고 그 안에서 성령님의 충만한 선물을 누리는 자들만이 진정한 문화변혁자로서의 실제적인 사역을 감당할 수 있을 것이다.

둘째, 그리스도 중심주의이다. 그리스도인과 교회는 하나님의 창조, 문화와 직접 관련을 가지지 않는다. 그것은 그리스도와의 관계 속에서만 연결된다. 그리스도는 죄인들의 구주이시지만, 또한 모든 만물이 그로부터 창조된 분이시다(골 1:16). 그래서 그리스도는 만물보다 먼저 나시고 먼저 계신다(골 1:16, 18). 만물은 그를 통해서 그리고 그를 향해서만 창조되었다(골 1:17). 바울은 이런 생각을 다음과 같이 정리했다. "그가 만물보다 먼저 계시고 만물이 그 안에 함께 섰느니라."(골 1:17)

우리의 구원자이신 그리스도는 모든 피조세계를 포괄하신다. 따라서 그리스도 안에서 구원을 얻은 자들은 문화에 대한 생각의 지평을 그리스도를 통해 확장하며,

그리스도를 통해서만 만물과 관련한다. 다시 말해 모든 피조세계는 그리스도 안에서만 그리스도인들과 만나는 것이다. 따라서 그리스도와 분리된 그리스도인들의 문화와 사회에 대한 모든 생각은 거부되어야 한다. 이렇듯 문화를 생각함에 있어서 그리스도 중심주의는 놓칠 수 없는 부분이다.

셋째, 은혜와 사명의 조화이다. 우리는 일반적인 모든 문화와 그 현상에 대해서 긍정적으로만 볼 수 없다. 그보다 죄와 비참함이 반영된 문화의 사악함을 볼 수 있어야 한다. 심지어 중생한 그리스도인들 속에도 악의 불쏘시개가 강력하게 남아있다는 것이 개혁주의자들의 증언이었다.[1]

이렇듯 그리스도인들이 만들어 가는 기독교 문화 안에도 죄와 타락의 그림자가 있을 수 있다면, 비기독교 세계에서 일어나는 모든 문화적 현상에는 그보다 더 깊고 심각한 죄의 영향력이 있을 수 있음을 생각하지 않을 수 없다. 피조세계를 향한 끊임없는 지향은 피조세계 안에 있는 첫 아담의 불순종의 흔적들을 분별하는 일과 결코 분리될 수 없다. 그래서 그리스도인들은 문화를 건설할 때 겸손함이 필요한 것이다. 우리가 그것을 만들어가는 것이 아니라 심판받아 마땅한 세상을 향해 주시는 하나님의 은혜로 말미암는 것이다. 때문에 우리는 더더욱 하나님의 은혜를 의지해야 한다. 그리고 그 가운데서 타락에도 불구하고 비추시는 그분의 영광을 보며 그것을 기뻐하고 즐기는 여유도 필요하다.

넷째, 창조의 동기에 대한 강조이다. 교회와 문화의 관계에 대해 재세례파나 경건주의적 접근이 가지는 협소한 관점을 극복하기 위해서는 문화를 하나님의 창조의 관점에서 보아야만 한다. 개혁주의는 단지 인간 내면의 순수성과 영과 육이 분리된 영혼의 구원만을 추구하지 않는다. 분리주의가 아니라 하나님의 창조에서 나오는 보편주의는 앞서 살펴본 세 가지 관점 모두에서 매우 중요한 것이었다. 무엇보다도 선한 창조에 대한 확신, 하나님의 창조의 역사성은 놓쳐서는 안 되는 신학적인 기초이다.

한편 창조의 동기는 그리스도인들을 하나님의 모든 창조세계에 대한 관심으로 인도한다. 처음 창조된 세계는 하나님이 보시기에 좋았다(창 1:12, 18, 21, 31). 즉 창조된 세계가 하나님의 창조 목적에 합당했다는 뜻이다. 그러나 처음 창조된 세계는 더 높은 차원의 완성을 향해 전진해야 했다. 창조 목적에 맞게 지어진 모든 피조세계는 더욱 분명한 최종적인 완성을 향해 세부적인 것을 완성해가야 했다. 하나님이 에덴의 한 곳에 창설하신 동산에서 시작된 경작은 네 개의 강을 따라 이 동산 밖을 향해야 했다(창 2:8-17). 곧 단지 이 동산만이 처음 인류의 일터가 아니었다. 처음 사람 아담은 단지 이 동산에만 머물거나 그 곳에 있는 것에만 주목하지 않고 동산 밖을 향해야 하는 원래적인 사명을 가졌다는 것이다. 이렇듯 교회와 문화의 관계성은 창조의 동기를 통해서 필연적인 것이 된다.

바울은 피조세계의 한숨과 고통을 목도하며 이에 대해 증언했다. 곧 그리스도인들의 탄식과 슬픔에 모든 피조세계가 함께 탄식하고 함께 고통받고 있는 현실세계를 우리가 '알고 있다'고 전제했다(롬 8:22). 여기서 탄식하시는 분은 성령님이시다(롬 8:26). 따라서 성령님 안에서 그리스도인들은 탄식한다(롬 8:23). 그러나 그리스도인들은 이런 탄식에 피조물이 함께하는 것을 아는 자들이다. 그래서 그들은 자신이 양자되는 것, 몸이 노예의 상태에서 해방되는 것을 기다리면서 그와 함께 피조세계 전체가 썩어지는 종노릇에서 자유를 얻는 소망을 강력하게 바라야 한다(롬 8:23, 21). 이렇듯 그리스도 안에서의 구속을 강조하는 그리스도인들에게는 그와 함께 모든 피조세계의 구속에 대한 소망 또한 필연적인 것이다. 이제 창조의 동기는 그리스도 안에서 이루어지는 해방됨에서만 확인될 수 있다. 이런 점에서 구속은 창조와 재창조의 관점에서 파악하는 것이 요청된다.

"교회는 그의 몸이니 만물 안에서 만물을 충만하게 하시는 이의 충만함이니라."(엡 1:23)

주

프롤로그

1. Paul E. Koptak, *Proverbs; the NIV Application Commentary* (Grands Rapids: Zondervan, 2003), 227.

1장 그리스도, 교회 그리고 문화

1. 54문: "거룩한 보편적 교회"에 관하여 당신은 무엇을 믿습니까? 답: 나는 하나님의 아들이 세상의 처음부터 마지막 날까지 모든 인류 가운데서 영생을 위하여 **선택하신 교회를** 참된 믿음으로 하나가 되도록 그의 말씀과 성령으로 자신을 위하여 불러 모으고 보호하고 보존하심을 믿습니다. 나도 지금 이 교회의 살아 있는 지체이며 영원히 그러할 것을 믿습니다.

하이델베르크 요리문답은 선택과 예정에 대해 따로 말하지 않고 교회를 가르치는 맥락에서 유일하게 '선택'에 대해 설명한다. 즉 54문답이 선택에 대한 유일한 문답에 해당하는 것이다. 따라서 선택의 대상은 교회이다. 칼빈은 중보자를 세우시는 것을 선택의 뿌리라고 여기며 다음과 같이 말했다(칼빈, 『기독교강요』 III. 20. 1). "하늘 아버지께서는 아담의 모든 후손들 중에서 그의 선택을 받을 가치가 있는 자를 하나도 찾으실 수 없기 때문에 그의 기름부으심을 받은 자에게 눈을 돌려, 생명의 교제에 받아들이고자 하시는 사람들을 그의 몸에서 지체로 선택하셨다." 선택은 그리스도 안에서만 확인되기에 그리스도만이 우리 선택의 거울이다. 그리스도께서는 교회의 머리이시고 또 하나님의 효력있는 부르심은 철저하게 교회를 통해서 이루어진다는 점에서 선택교리를 교회론적으로 이해하는 것은 매우 중요하다.

2. Martin Luther, *Weimar Ausgabe* (루터 저작선 독일어 전집) 8:491.

3. 루터파의 '말씀을 통해서'(*per verbum*)와 개혁파의 '말씀과 함께'(*cum verbo*)는 성령께서 성경과 어떤 관계에서 역사하시는가를 설명한 것이다. *per verbum*: 성경인 하나님의 말씀은 그 말씀의 저자이신 하나님에 의한 것이며 그 말씀의 내용인 그리스도를 담고 있

다. 또한 말씀은 성령과 연합하고 있기 때문에 그 자체 안에 유효한 능력을 내포하고 있는 것이다. 심지어 하나님의 말씀은 성령에 의해 사용되지 않을 때라도 여전히 회개에 이르는 하는 영적 효력을 가지고 있다. *cum verbo*: 성령께서 말씀과 성례를 도구로 사용하신다. 다만 그것을 사용하여 믿음을 일으키는 일은 성령의 특별한 사역인 것을 강조한다. 이는 하나님과 성경을 동일시하는, 성경 자체를 신격화하는 것을 피하고자 하는 주장이다.

4. I. Calvinus, *Iohannis Calvini Opera Omnia* (이하 CO), Ed. G. Baum, E. Bunitz et E. Reus (Brunschweig: C. A. Schwetschke et filium, 1863-1900), vol. 2. 59. 칼빈,『기독교강요』I. 7. 4.

5. I. Calvinus, *CO* vol. 2. 71. 칼빈,『기독교강요』, I. 9. 3.

6. 여기서 '깊은 것들'은 에베소서 3:18-19에서 너비, 길이, 높이, 깊이로 표현된 것을 모두 종합해서 깊이로 표현하는 대신 이를 복수로 바꾸어 '깊은 것들'로 바꾸어 놓은 것이다. 이 표현의 뜻은 하나님 안에 있는 모든 측면들, 곧 하나님 자신이신 모든 것들로 이해될 수 있다.

7. I. Calvinus, *CO* vol. 2. 1008. 칼빈,『기독교강요』, VI. 17. 9.

8. T. Brienen, *De Liturgie bij Johannes Calvijn* (Kampen: De Grote Goudriaan, 1987), 153-154.

9. 정확한 명칭은 기도와 찬송, 그리고 교회에 대한 규범으로 번역될 수 있다. *La Forme des Prières et Chants Ecclésiastiques:* The Form of Prayers and Church Hymns.

10. Herman Bavinck, *Gereformeerde Dogmatiek 7th Edition* (Kampen: kok, 1998), II. 387.

2장 아브라함 카이퍼

1. Abraham Kuyper, *To be Near unto God* (Vancouver: Regent College Publishing, 2005), 25. 이 저작은 카이퍼의 시편묵상집이다.

2. 네덜란드 지역의 개혁교회가 처음 사용했던 명칭이 Nederduits Gereformeerde Kerk였기 때문에 '애통'에 속한 교회들은 이 명칭

으로 자신들을 불렀다. 이 오래된 명칭을 사용한 의도는 1816년 국왕이 교회의 머리가 되도록 규정했던 교회치리정관 이전의 개혁교회로 회복하고자 하는 뜻을 분명히 나타내기 위한 것이었다. 왜냐하면 국가 개혁교회(Nederlandse Hervormde Kerk)라는 명칭은 1816년 교회치리정관이 정해질 때부터 비로소 사용되기 시작한 용어였기 때문이다. 이후에 '애통'교회는 처음 국가개혁교회로부터 나왔던 '분리'교회들과 연합하면서 네덜란드 개혁교회(Nederlandse Gereformeerde Kerken)라는 명칭을 사용하였다.

3. 사용된 교단의 명칭을 보면, 국가개혁교회는 단수인 '교회'(kerk)를 사용한데 반해, 그 이후 국가개혁교회에서 분리되어 나온 교단들은 복수인 '교회들'(kerken)을 사용했다. 이는 국가개혁교회는 국왕이 수장이 된 조직으로 하나의 교회임을 강조한 반면, 이에 반대한 교회들은 지역교회들의 연합체로서 성격을 더 강조했기 때문이다. 그들이 복수 '교회들'의 명칭을 사용한 것에는 지역교회가 유일한 '교회'임을 나타내고, 이런 지역교회들에 가장 우선순위를 두는 교회론이 표현되어있다.

4. 신앙고백에 충실해야 한다는 입장을 가진 사람들은 '정확성을 견지한 자들'(Preciezen)이라고 불렸다. 이들은 신앙고백을 지키고 하나님의 법을 따라 평생을 살려는 자들이었다. 네덜란드의 청교도 경건주의라고 불릴 수 있는 '계속된 개혁'(Nadere Reformatie)을 주도했던 이들이 여기에 해당된다. Van den Heuvel, *De Hervormde kerkorde* (Zoetermeer: Boekencentrum, 2001), 32. 신앙고백에 대한 태도를 보여주는 두 가지 표현이 있었는데, 하나는 신앙고백이 성경에 '일치하는 한에서'(신앙고백 중에서 성경에 일치하는 범위까지만) 그것을 따른다는 입장이고, 다른 하나는 신앙고백이 성경에 '일치하기 때문에' 그것을 받아들인다는 입장이다.

5. A. Janse, *van Dordt tot '34* (Kampen: kok, 1984), 92.

6. 김재윤, "아 라스코(à Lasco)의 삶과 신앙, 그리고 개혁교회." 『칼빈시대 유럽대륙의 종교개혁자들』 개혁주의 학술총서 8, (부산: 고신대 개혁주의 학술원 편, 2014)

7. Abraham Kuyper, *Anti-revolutionaire staatkunde, met de naderetoelichting op Ons Programa I, Beginselen* (kampen: kok, 1916),

626.

8. Hendrik M. Vroom, "Theolgy and Religious Study; Progree and Relevance" in *Theology between Church, University and Society*, edited by Martien E. Brinkman (Assen: Koninkrijke van Gorcum, 2003), 88-90.

9. 영역주권이라는 용어를 정확하게 번역하자면, '각각 고유한 삶의 영역들안에 있는 주권'이라고 해야 함.

10. A. Kuyper, *het calvinisme; zes stone-lezing* (kampen: kok, 1958), 6.

11. A. Kuyper, *Souvereiniteit in eigen kring. Rede ter inwijding van de Vrije Universiteit* (Amsterdam: J.H. Kruyt, 1880), 5.

12. A. Kuyper, *Eenvromigheid: de vloek van het modern leven* (Amsterdam: H. de hoogh &co, 1870), 27.

13. A. Kuyper, *Souvereiniteit in eigen kring. Rede ter inwijding van de Vrije Universiteit* (Amsterdam: J.H. Kruyt, 1880), 7ff.

14. A. Kuyper, *Tractaat van de Reformatie der kerken* (Amsterdam: Höever, 1883), 30.

15. A. Kuyper, *Het Calvinisme, Zes Stone-lezingen* (Kampen: kok, 1959), 145.

16. 칼빈은 '모든 인류에게 공통적인 언약'이라는 개념을 이방인들을 위한 삼위일체 하나님의 일로 생각했다. 카이퍼가 말하는 일반은 혜라는 개념을 이런 칼빈의 용어에서 찾는다면, 이 용어가 개혁파에게서 사용된 것은 칼빈부터라고 말하는 것이 정당하다. 물론 칼빈은 이방인에게도 해당되는 일반은혜를 그리스도 밖에서 찾지 않았다. 그리고 이방인들에게 주어진 은혜를 성령께서 일하시는 우주적인 일의 틀에서 이해했다(『기독교강요』 II. 2. 15.). 이 용어는 도르트 총회 당시에 '항명파'에 의해서 보편구원을 설명할 때 사용되기도 했다. 반대로 도르트 총회록에 개혁파 대표들에 의해서 '자연의 빛과 일반적인 은혜'(het licht der natuur en de 'gemeynere ghenade') 혹은 '일반적이고 자연적인 은혜'가 언급되고 있다. 이 때 사용된 용어는 다양한데 외적인 은혜나 일반은혜 등이다. 그 내용은 인간사회와 시민적인 질서가 유지되는 것을 말하고, 택자들

이 여기에 대해서 공헌함으로써 내적인 부르심에 이르도록 하는 것이라고 설명되어있다.

이후 호마루스(Gomarus)는 죄악이 억제되는 하나님의 은혜를 일반적인 은혜로 규정하였다. 브라컬(W. a Brakel)은 일반은혜와 특별은혜를 구분하면서 전자는 우리의 육체의 복락을 위한 것이라고 설명한다. 판 마스트리흐트(P. van Mastricht)는 우주적인 은혜, 일반적인 은혜 그리고 특별은혜로 구분하기도 하였다. J. Douma, *Algemene genade* (Goes: Oosterbaan & Le Cointre B. V. 1981), 327-328.

17. A. Kuyper, *De Gemeene Gratie I*, 20-21.

18. A. Kuyper, *Het Calvinisme, Zes Stone-lezingen*, 25-26.

19. 카이퍼는 로마교와의 차별성을 주장하기 위해서 인간은 본질에서 손상받지 않았고 본성에서 부패되었다고 말했다. *A. Kuyper, De Gemeene Gratie I* (Kampen: kok,),135. 일반은혜는 인간의 타락 이후를 출발점으로 삼는다.

20. A. Kuyper, *De Gemeene Gratie III*, 19.

21. A. Kuyper, *De Gemeene Gratie III*, 108.

22. A. Kuyper, *De Gemeene Gratie I*, 222. 같은 맥락에서 카이퍼는 일반은혜에서는 그리스도를 창조의 중보자로, 특별은혜에서는 그리스도를 구원의 중보자로 보았다.

23. A. Kuyper, *De Gemeene Gratie I*, 456.

24. A. Kuyper, *De Gemeene Gratie II*, 295-296.

25. A. Kuyper, *De Gemeene Gratie II*, 302-303.

26. A. Kuyper, *De Gemeene Gratie II*, 378.

27. A. Kuyper, *De Gemeene Gratie II*, 396.

28. A. Kuyper, *De Gemeene Gratie II*, 397.

29. A. Kuyper, *Het Calvinisme, Zes Stone-lezingen*, 130ff.

30. A. Kuyper, *De Gemeene Gratie II*, 279.

31. 이정석, 『문화신학: 문화의 본질에 대한 신학적 정의』 (서울: 국제신학대학원대학교출판부, 2012), 181.

32. A. Kuyper, *De Gemeene Gratie II*, 279.

33. A. Kuyper, *De Gemeene Gratie III*, 273-275.

34. Craig. A. Carter, *Rethinking Christ and Culture: a Post-Christendom Perspectives* (Brazo Press: Grand Rapids, 2006), 12.

35. A. Kuyper, *De Gemeene Gratie I*. 11.

36. A. Kuyper, *De Gemeene Gratie II*. 413.

37. A. Kuyper, *De Gemeene Gratie I*. 9.

38. 카이퍼에 대한 이런 평가는 다음을 참조하라. J. Douma, *Politieke verantwoordelijkheid* (Kampen: uitgeverij van den Berg, 1984), 119ff.

39. David Vandrunen, "Abraham Kuyper and the Reformed Natural Law" in *Calvin Theological Journal* 42 (2007), 305.

3장 끌라스 스킬더

1. G. Harinck, *K. Schilder (1890-1952): een keuze uit zijn werk* (Kampen: kok, 1989), 127.

2. G. Harinck, *K. Schilder (1890-1952)*, 23.

3. K. Schilder, *Eerste Rede, Eerste Optreden*, Gereconstrueerd en ingelijst door Dr. E. A. de Boer (Franeker: uitgeverij Van Wijnen), 18.

4. Schilder, *Eerste Rede, Eerste Optreden*, 26.

5. G. Harinck, *K. Schilder (1890-1952)*, 13.

6. Karl Barth, *Der Römerbrief; Zweite Fassung* (Zürich: Theologischer Verslag Zürich, 2010), 58.

7. Karl Barth, *Der Römerbrief*, 59.

8. E. P. Meijering, *Een eeuw denken over christelijk geloven* (Kampen: kok, 1999), 73.

9. Schilder, *Eerste Rede, Eerste Optreden*, 45.

10. G. Harinck, *K. Schilder (1890-1952)*, 13.

11. J. M. van Minnen, "Licht in de rook, De theologie van Prof. Dr. K. Schilder" in *Gereformeerde Theologische Tijdschrift* 86 (1986), 83.

12. G. Harinck, *K. Schilder (1890-1952)*, 16.

13. Artikel 6, J. J. C. Dee, *K. Schilder, zijn leven en werk, Deel 1(1890-1934)* (Kampen, Oosterbaan & Le Cointre, 1990), 271.

14. 스킬더의 이 연설은 『단 한치도』(*Geen duimbreed*)라는 제목의 책으로 1936년에 출판되었다.

15. K. Schilder, *Christus en cultuur* (Franeker: uitgeverij Van Wijnen: 1988), 17ff.

16. K. Schilder, *Christus en cultuur*, 27.

17. 고재수, 『그리스도와 교회와 문화』 (서울: 성약, 2008), 140.

18. Meijering, *Een eeuw denken*, 84.

19. 이 부분에 대한 분석과 정리는 다음을 참조하라. J. Douma, *Algemene Genade: uiteenzetting, vergelijking en beoordeling van de opvattingen van A. Kuyper, K. Schilder en Joh. Calvijn over 'algemene Genade'* (Goes: OosterBaan& Le Cointre, 1981), 119ff.

20. 알미니안들이 자연의 빛을 '일반은혜'라고 언급한 부분이 있음을 스킬더는 지적한다. 도르트신경은 자연의 빛을 말할 때 이것의 가능성과 은혜의 측면을 말하지 않고 인간이 이 자연의 빛을 바르게 사용하지 않고 어두워졌다는 것, 이 빛이 완전히 꺼져버렸다는 것과 함께 말한다. K. Schilder, *Heidelberg Catechismus*, III, 236. 기술적인 용어에서도 카이퍼는 정교함을 보여주지 못했는데, 네덜란드어에서 '일반'으로 번역될 수 있는 두 단어 중에서 카이퍼는 '모두에게 공통적인'이라는 의미를 가진 'gemeen'를 사용하였다. 그러나 칼빈과 개혁주의자들이 의도한 것은 '일반적인'이라는 의미의

단어 'algemeen'이 정확하다. "우리는 모두 눈을 가지고 있다."는 algemeen에 해당되고 "(한 개인이 가진) 눈이 둘 다 갈색이다."라고 할 때는 gemeen이라고 해야 한다. 카이퍼는 'gemeen'이라는 단어를 써서 교회라는 정해진 공동체에 있는 사람들에게만 공통적으로 주어진 은혜를 표현하는 것처럼 되었다는 것이 스킬더의 질문이다.

21. Douma, *Algemeen genade*, 132.

22. K. Schilder, *Heidelberg Catechismus, I*. 73.

23. 창조와 타락의 역사성에 대한 강조는 스킬더 신학의 중요한 특징이다. Meijering, *Een eeuw denken*, 77.

24. K. Schilder, *Christus en cultuur* (Franeker: uitgeverij van Wijnen, 1988), 115-116.

25. K. Schilder, *Heidelberg Catechismus I* (Kampen: kok, 1947) 318. *Christus en cultuur*, 48.

26. K. Schilder, *Christus en cultuur*, 59.

27. K. Schilder, *Christus en cultuur*, 62-63.

28. K. Schilder, *Christus en cultuur*, 74.

29. Schilder, *Christus en cultuur*, 86ff.

30. Douma, "Christus en Cultuur", in *K. Schilder: Aspecten in zijn werk*, edited by J. Douma, C. Trimp, K. Veling (Barneveld: De Vuurbaak, 1990), 174ff.

31. W. H. Velema, *Ethiek en pelgrimage* (Amsterdam, 1974), 48.

4장 대안적인 개혁주의 패러다임들

1. David Vandrunen, *Natural Law and the Two Kingdoms: A Study in the Development of Reformed Social Thought* (Grand Rapids: Eerdmans, 2010), 1-2.

2. Vandrunen, *Natural Law and the Two Kingdoms*, 55.

3. Augustine, *De civitate Dei, City of God,* trans. Markus Dods (New York: The Modern Library, 1950) 15. 1. 17.

4. Vandrunen, *Natural Law and the Two Kingdoms*, 63-64.

5. Vandrunen, *Natural Law and the Two Kingdoms*, 13-14.

6. Vandrunen, *Natural Law and the Two Kingdoms*, 302.

7. Vandrunen, *Natural Law and the Two Kingdoms*, 344-347.

8. Vandrunen, *Natural Law and the Two Kingdoms*, 41.

9. 벤드루넨은 '자연법-두 왕국론' 패러다임에게 남겨진 과제를 중에서 가장 먼저 창조 중보자와 구속중보자의 관계를 어떻게 규명해야 할 것인가 하는 점에 둔다. Vandrunen, *Natural Law and the Two Kingdoms*, 430.

10. Vandrunen, *Natural Law and the Two Kingdoms*, 4.

11. Vandrunen, *Natural Law and the Two Kingdoms*, 429.

12. John Frame, *the Doctrine of Christian Life* (New Jersey: P&R Publishing, 2008), 871. 프레임(Frame)은 두 왕국론을 루터파의 것이라고 단언하고 있다. James K. A. Smith, "Reforming Public Theology: Two Kingdoms, or two Cities?" in *Calvin Theological Journal 47* (2012), 122.

13. Douma, *Algemeen genade*, 255-256.

14. Douma, *Algemeen genade*, 257.

15. Douma, *Algemeen genade*, 351-353.

에필로그

1. 칼빈, 『기독교강요』 III. 3. 10.